Edouard Pailleron

La Souris,

Comédie En Trois Actes

Edouard Pailleron

La Souris,
Comédie En Trois Actes

ISBN/EAN: 9783744770422

Printed in Europe, USA, Canada, Australia, Japan

Cover: Foto ©ninafisch / pixelio.de

More available books at **www.hansebooks.com**

LA SOURIS

COMÉDIE

Représentée pour la première fois, à Paris, à la COMÉDIE FRANÇAISE
le 18 novembre 1887.

CALMANN LÉVY, ÉDITEUR

DU MÊME AUTEUR

Imprimeries réunies, B. rue Mignon, 2.

LA SOURIS

COMÉDIE EN TROIS ACTES

PAR

ÉDOUARD PAILLERON

DE L'ACADÉMIE FRANÇAISE

PARIS

CALMANN LÉVY, ÉDITEUR

ANCIENNE MAISON MICHEL LÉVY FRÈRES

3, RUE AUBER, 3

—

1888

A MADEMOISELLE X.

De cette simple et tendre et chaste comédie
Vous êtes l'héroïne, et je vous la dédie.
C'est un roman d'amour qui se passe entre nous,
Un rêve — plein de vous, mais ignoré de vous. —
Car j'ai si bien caché ce que j'ai voulu taire,
Que mon œuvre au grand jour gardera son mystère.
Et, même en la voyant, vous ne saurez jamais
Que c'est vous dont je parle, et que je vous aimais.

PERSONNAGES	ACTEURS
MARQUIS MAX DE SIMIERS......	M. WORMS.
MADAME DE MOISAND...	Mme MONTALAND.
COMTESSE CLOTILDE WOÏSKA, sa fille.........	BARTET.
MARTHE DE MOISAND, demi-sœur de Clotilde.............	REICHEMBERG.
PÉPA RIMBAUT, amie de Clotilde...	SAMARY.
BARONNE HERMINE DE SAGANCEY, amie de Clotilde.	BROISAT.

LA SOURIS

ACTE PREMIER

Le théâtre représente un vaste hall dans un chalet, à la campagne. Au fond, trois baies largement ouvertes sur un paysage de Touraine que la situation domine. Portes à droite et à gauche, donnant dans l'intérieur de la maison. Canapé, tables, sièges, etc. Tout cela très élégant et très féminin.

SCÈNE PREMIÈRE

MADAME DE MOISAND, HERMINE.

Au moment où la toile se lève, madame de Moisand se montre au fond et s'arrête, attendant madame Hermine de Sagancey qu'on voit gravir lentement la colline où est placé le chalet.

MADAME DE MOISAND, à Hermine qui entre un peu derrière elle.

Nous y voilà! Entrez!... entrez!... (Parlant à quelqu'un qu'on ne voit pas.) Allons, mademoiselle Rimbaut, allons!... (A elle-même.) Elle s'est assise, elle se repose. (A Hermine.) Vous

1

trouvez peut-être aussi le chemin un peu rude pour vous, chère Madame?

HERMINE.

Oh! pour moi, chère Madame, tous les chemins sont rudes, je suis si peu vaillante...

MADAME DE MOISAND.

Le coup d'œil vous dédommagera... Vous allez voir... Non! ne regardez pas encore... Vous souffrez?

HERMINE.

Oh!... mes palpitations... toujours!... Je suis un peu angoissée... Mais j'en ai l'habitude... Et alors, vous croyez que la comtesse rentrera bientôt, chère Madame?

MADAME DE MOISAND.

Mais j'en suis sûre, chère Madame, ma fille est dans le village... Et quelle surprise et quelle joie pour Clotilde de retrouver ici deux de ses amies d'autrefois!... Madame de Sagancey! ah! bien!... Et mademoiselle Rimbaut donc! Pépa Rimbaut!... C'est-à-dire qu'elle ne parle pas une seule fois de Paris, sans parler de vous... Mademoiselle Pépa, c'est une parente à vous?

HERMINE.

A moi, non... à mes cousins de Barenfort, par sa mère, une demoiselle Hermandez... c'est la fille du sculpteur Rimbaut.

MADAME DE MOISAND.

D'un sculpteur?

HERMINE.

Célèbre! Comment, Clotilde ne vous a pas raconté cela?... Une espèce de grand gamin de Paris, assez débraillé... mais plein de talent et superbe, il paraît, à ce point que mademoiselle Hermandez s'en était éprise follement et avait fini par l'épouser, malgré sa famille, malgré tout!... Et une excellente famille, les Hermandez! Des Espagnols très riches.

MADAME DE MOISAND.

Ah! mademoiselle Pépa est étrangère, alors?

HERMINE.

Espagnole par sa mère, mais Parisienne par son père... Séville et Batignolles panachés, comme elle dit.

MADAME DE MOISAND.

Oui, elle est plutôt... gaie.

HERMINE.

Plutôt Batignolles, n'est-ce pas? Oui! Elle vous a un peu étonnée... je le comprends... Elle est impossible... Trop exubérante, trop en l'air, trop fille d'artiste!... Et sa mère était si distinguée... Elle est morte la première, cela se voit... Pauvre Pépa!... Oh! je la défends, moi d'abord! Eh bien, oui, mal élevée, inconvenante, vulgaire même, tout ce que vous voudrez, et avec cela coquette, ah!... mais une excellente personne et très honnête, sans que cela paraisse, il est vrai; mais très honnête!... Oh! je la défends!

MADAME DE MOISAND.

C'est égal, pour une jeune fille du monde...

HERMINE.

Oh! jeune, vingt-six ans!... C'est une circonstance atténuante... Vingt-six ans au moins... puisqu'elle les avoue. (Mouvement de madame de Moisand.) Si! si! je la défends!

Et quant au monde, ah! elle n'y est pas déplacée, allez!
Mais au contraire, elle y a un succès énorme, on se la
dispute... on la trouve drôle... les hommes surtout... Ils
prétendent que c'est une nature... mais ils ne l'épousent
pas... Ah! chère Madame, si vous saviez où en est le
monde à présent, et ce qu'on y dit et ce qu'on y ose!...
C'est horrible! (Elle se lève.) On appelle cela être moderne,
aujourd'hui.

MADAME DE MOISAND.

Oui, c'est la rue dans le salon aujourd'hui. (Arrivée à la
cheminée, se retournant du côté du fond qu'elle désigne à Hermine, à
gauche.) Tenez! le vrai point de vue est là, de la cheminée,
regardez!

HERMINE, regardant.

Oh! l'adorable paysage! Une toile de maître, un rêve
de poète! Venez admirer cela, Pépa! venez vite!

MADAME DE MOISAND, indiquant du geste ce qu'elle nomme.

Le château à droite, les bois derrière, la rivière devant...
qui forme ce petit lac, là, au bas de la pelouse... Voyez-
vous?

HERMINE.

Idéal! absolument idéal! (A Pépa qui entre.) Oh! mais
arrivez donc, Pépa! Qu'est-ce que vous avez, enfin?

SCÈNE II

LES MÊMES, PÉPA qui entre, son éventail d'une main, son
ombrelle de l'autre.

PÉPA.

Ce que j'ai? Oh! non, mais vous êtes superbe, vous,
Hermine! Ah bien, je vous engage à poser pour la femme
brisée, à présent! Comment! voilà une heure que nous
marchons en plein soleil, sur un tas de choses pointues,
et vous me demandez ce que j'ai? Mais, je n'en peux
plus! Mais j'étouffe!... Oh! le tour du propriétaire, merci,
j'en ai assez!... Grâce! chère madame de Moisand! Grâce
pour deux Parisiennes en visite à cinquante lieues du
pavage en bois: j'ai mes bottines dans un état!... (Regardant
autour d'elle.) Tiens! c'est gentil ça! Où sommes-nous
donc?

MADAME DE MOISAND.

Dans le chalet de Clotilde justement!

PÉPA.

Le chalet!... Arrêtons-nous ici!... (Se jetant dans un
fauteuil.) Ouf!

HERMINE.

Le fait est qu'il faut bien aimer la comtesse pour venir
la voir...

PÉPA.

Par cette canicule, ah! je vous en réponds...

HERMINE.

Et souffrante comme je suis... J'ai quitté mon lit...

PÉPA.

Une poussière ! une chaleur ! Oh ! je ne peux pas sentir la campagne, moi, d'abord !

HERMINE.

Oh ! Pépa ! moi qui voudrais tant y vivre !

PÉPA.

Vous ! Allons donc !

HERMINE.

Mais je vous jure !...

PÉPA.

Allons donc ! Vous pas plus que moi ! La campagne ! Ah bien !... c'est trop loin du Bon-Marché... Oh ! et puis, non ! trop de soleil pour le teint, trop de vent pour les cheveux, trop de cailloux pour les pieds, trop de crotte pour les robes !

HERMINE.

Mais quand le temps est beau, ma chère...

PÉPA.

Eh bien, quand le temps est beau, ma chère, c'est de la crotte sèche, quand il est vilain, c'est de la crotte mouillée, mais c'est toujours de la crotte ! Et qu'est-ce que la comtesse peut bien faire dans ce Sahara, mon Dieu ?... Ah ! cette Clotilde ! pas changée alors? toujours en train ! toujours en l'air ! J'aime ça, moi !... Où est-elle encore ? Avec tout son monde ? en pique-nique ? en partie ?...

MADAME DE MOISAND.

Elle! Ah! pauvre femme!... tout simplement dans le village, chez un de nos journaliers qui s'est cassé le bras.

HERMINE.

Quelle horreur! Et elle y est allée?

MADAME DE MOISAND, étonnée.

Mais oui, pourquoi?

HERMINE.

Oh! je ne peux pas voir les gens qui souffrent, moi, je souffre plus qu'eux!

PÉPA, protestant.

Oh! ça!

HERMINE.

Si! si! je souffre réellement, physiquement! Je ne peux pas, je vous dis. Ainsi, l'autre jour, pour les couches de ma cousine de Barenfort, j'étais là quand les douleurs l'ont prise, j'ai été obligée de m'en aller. Son mari voulait me retenir, car il y était, lui! Et il regardait cela! il entendait cela! J'étais indignée! Je n'ai pu m'empêcher de lui dire : « Mais vous êtes un monstre! Comment pouvez-vous voir des atrocités pareilles? Mais c'est affreux! Vous n'avez pas de cœur! » Et je suis partie... Je ne pouvais pas. J'étais angoissée, je serais morte!

PÉPA.

Oh! bien moi, j'ai eu la même toquade que Clotilde. Oui, il y a deux ans, vous vous rappelez, Hermine? quand madame de Courlier a fondé son asile pour les demoiselles qui n'ont... que... enfin les cocottes repenties, quoi!

HERMINE.

Pépa !

PÉPA.

J'avais la robe marron, collante, le tablier blanc, le bonnet de linge. Ça m'allait bien, mais ça ne désemplissait pas, son hospice, il y en avait toujours !... ça prenait un temps ! J'ai rendu mon tablier... Tiens ! tiens ! cette Clotilde ! Et alors, elle va comme ça maintenant... Mais au fait, avant qu'elle rentre, dites-moi donc un peu, chère Madame... (Baissant la voix mystérieusement.) Eh ! bien... et son mari ?

MADAME DE MOISAND.

Le comte ?

PÉPA.

Votre gendre, oui... toujours enfermé ?

MADAME DE MOISAND.

Toujours.

HERMINE, se touchant le front.

Et toujours dans le même état ?

MADAME DE MOISAND.

Depuis quinze mois !

PÉPA.

Quinze mois ! Ah çà, il ne veut donc pas se décider, voyons ?

HERMINE.

Oh ! ma chère...

PÉPA.

Ah ! ma chère, ça a toujours été un affreux monsieur, vous savez bien !... un coureur, un fêtard... Et puis, enfin. quinze mois !... Mais cela peut durer vingt ans ! Mais il peut guérir! Pensez à cette pauvre Clotilde!... C'est une situation atroce, comprenez donc!

HERMINE.

Hélas! qui la comprend mieux que moi?

PÉPA.

Parce que vous êtes séparée. Oh! je vous engage à vous plaindre, vous, ma chère. D'abord, vous pouvez divorcer, vous, rendre l'objet qui a cessé de plaire... Mais Clotilde! pas moyen! Non! non! la folie n'est pas un cas de divorce... la Chambre ne l'a pas voulu... Elle avait ses raisons... Et d'ailleurs, vous êtes séparée, je suis vieille fille, madame de Moisand est veuve : tout cela, ça a du bon, n'est-ce pas, Madame? Mais être la femme d'un ramolli...

HERMINE.

Oh! Pépa!

PÉPA.

Eh bien quoi, Pépa? Ça n'est peut-être pas le mot scientifique, mais enfin, c'est cela!... Être mariée sans l'être, fille sans l'être, veuve sans l'être! Moi je trouve ça atroce!... Ah! mais qu'il fait donc chaud! qu'il fait donc chaud!

MADAME DE MOISAND.

Oh! Mesdames, et moi qui oubliais... Oh! que je m'en veux... (A Hermine.) C'est vrai, vous devez avoir chaud...

HERMINE.

Moi, je n'ai jamais chaud! quelle horreur!

MADAME DE MOISAND.

Que vais-je vous offrir, voyons?

HERMINE.

Oh! rien, je vous en prie... Non! non!

PÉPA.

Mais si! mais si! laissez donc, ma chère, j'ai très soif, moi.

MADAME DE MOISAND.

Un peu de sirop? ou bien...

PÉPA.

N'importe quoi, avec de l'eau de seltz! Mais bien fraîche, n'est-ce pas?

MADAME DE MOISAND.

Je vous demande pardon, je suis préoccupée...

HERMINE.

Mais c'est nous les coupables.

PÉPA.

C'est vrai! Nous vous prenons à vos invités...

MADAME DE MOISAND.

Mes invités? Oh! je n'ai pas d'invités.

PÉPA et HERMINE, suffoquées.

Hein?

PÉPA.

Ah! vous n'avez pas?... dans ce moment-ci?...

MADAME DE MOISAND.

Ni dans d'autres. Oh! depuis que ma fille s'est retirée chez moi, elle ne voit plus personne... à part le curé...

une visite par hasard... Sa position... vous comprenez...
son mari malade... Elle a tout à fait changé sa vie...

PÉPA.

Comment! comment! depuis qu'il est... qu'elle est...
depuis quinze mois, Clotilde est ici toute seule?

MADAME DE MOISAND.

Avec moi, oui.

PÉPA.

Oh! là! là! Et alors pas de monde au château?

MADAME DE MOISAND.

Du monde! Oh! non! c'est fini cela! Vous voyez que
vous ne me gênez en rien et que vous pouvez rester sans
crainte, aussi longtemps que vous voudrez bien nous
faire ce plaisir... Nous disons du sirop et de l'eau de
seltz, n'est-ce pas, Mesdames? Je reviens.

Elle sort.

SCÈNE III

HERMINE, PÉPA.

Elles se regardent consternées.

PÉPA.

Ah! bien, en voilà un four!

HERMINE.

Je m'en doutais.

PÉPA.

Et moi qui croyais trouver une maison bondée, des

gens drôles, un remue-ménage... enfin l'ancienne vie !
Et rien ! pas un chat !

HERMINE.

Dans sa situation...

PÉPA.

Eh ! sa situation. Est-ce que je pouvais me douter
qu'elle la prendrait au tragique ? Elle ! Clotilde ! Cette
emballée ! Une conversion alors !... C'est nous qui avons
bien fait de laisser nos malles à la gare.

HERMINE.

Oui, mais comment faire maintenant ?

PÉPA.

Pour s'évader?... Je m'en charge, soyez tranquille !
Non ! mais non ! Vous voyez-vous installées ici, avec nos
douze caisses de robes ! Sainte-Périne alors ! La prière
en commun, le bon curé, les malingreux dans le jour et
le loto le soir !... Oh ! non, mais quel four !

HERMINE.

Oui, mais le moyen...

PÉPA.

Je m'en charge, je vous dis... Oh! ce ne sera pas long...
avec cette mère-là !... Une bonne dame, la mère, mais
de la force d'une machine à coudre, vous savez. (Entre
madame de Moisand, portant un plateau.) Oh ! comment ? Vous-
même !... Oh! chère Madame... Bien fraîche, n'est-ce
pas ?...

SCÈNE IV

HERMINE, PÉPA, MADAME DE MOISAND.

MADAME DE MOISAND, offrant un verre de sirop à Pépa.

Glacée. (A Hermine.) Et vous, rien ?

HERMINE.

Moi ! mais je n'ai jamais soif !...

PÉPA, buvant à petits coups d'abord.

Oh ! Hermine, elle, c'est un corps glorieux... mais moi... j'ai besoin de me ravitailler... de temps en temps... (Elle boit d'un trait.)

HERMINE, pour attirer son attention.

Hum !

PÉPA, avec soulagement.

Ah ! chère Madame, vous me sauvez la vie tout bonnement.

HERMINE.

Hum !

PÉPA, à part.

Ah ! oui... (Répondant.) Hum ! (Haut.) Tout bonnement ! (Elle va poser son verre sur la cheminée devant la pendule.) Hein ? Oh ! mon Dieu ! Hermine, trois heures !

HERMINE, regardant la pendule.

Trois heures ! Ah ! mon Dieu, Pépa !

PÉPA.

Eh bien, et notre train?...

HERMINE.

Oui, notre train!

MADAME DE MOISAND.

Votre train?

PÉPA.

Je ne vous ai donc pas dit?... C'est bien de moi, ça!...
Il faut que nous reprenions le train de quatre heures.

MADAME DE MOISAND, consternée.

Pas possible!

PÉPA.

Si, si! Oh! absolument!... C'est vrai! vous ne saviez
pas... Nous ne sommes descendues à votre station que
pour vous serrer la main, il faut que nous repartions
pour Luchon, ce soir! oh! ce soir! Et nos amis qui nous
attendent là-bas!... et qui doivent piaffer!... Ah! bien,
s'ils ne nous voyaient pas demain, ils casseraient le brancard!

MADAME DE MOISAND, ne comprenant pas.

Le brancard?

PÉPA.

Et les eaux, donc! Et votre médecin, Hermine?

HERMINE.

Hélas! oui, chère Madame, comme toujours ma misé-
rable santé commande à ma vie... J'eusse été si heureuse
de partager votre solitude!

PÉPA.

Et moi donc! et moi donc! Vite Hermine! Trois heures cinq, vous savez! Et maintenant, chère madame de Moisand, enchantée de votre bon accueil, très aux regrets de ne pas avoir rencontré la comtesse... mais...

MADAME DE MOISAND, pressante.

Mesdames, je vous en supplie, je l'envoie chercher.

PÉPA et HERMINE.

Non! non! non!

MADAME DE MOISAND, très pressante, puis très émue.

Mon Dieu! c'est qu'en vous voyant... j'avais cru... j'espérais... Tenez! ne partez pas encore... plus tard! le temps de me donner un conseil... J'en ai tant besoin... Vous arrivez dans un moment... c'est le ciel qui vous envoie... Vous aimez ma fille, n'est-ce pas? Eh bien, vous pouvez lui rendre un grand service... et à moi aussi... Il est survenu une complication dans sa vie, mes chères dames... un grand danger! et je suis seule... je suis très troublée... Attendez-moi : je l'envoie chercher et je reviens... Je vous dirai tout... attendez-moi !

Elle sort.

SCÈNE V

HERMINE, PÉPA.

PÉPA.

Il y a un potin! ma chère, il y a un potin! Ah! mais, c'est moi qui ne m'en vais plus !

HERMINE.

Comment?

PÉPA.

Vous n'avez donc pas entendu ? Une complication, un danger !... Ah ! que je ne veux pas rater ça !

HERMINE.

Oh ! des lamentations, des tristesses, une femme qui souffre, une mère qui pleure... Oh ! moi, ma chère...

PÉPA.

Et moi, je vous dis qu'il y a autre chose, une histoire... une aventure... quelque roman... Ah ! cette Clotilde, voyez-vous? pas si convertie, alors !...

HERMINE.

Mais nous allons manquer le train?

PÉPA.

De quatre heures? Nous prenons celui de sept...

HERMINE.

Mais nos amis !... mon médecin !...

PÉPA.

Oh ! bien, pas à moi, voyons !

HERMINE.

Vous êtes égoïste. Pépa !

PÉPA.

Ma petite Hermine... Hum !

SCÈNE VI

LES MÊMES, MADAME DE MOISAND.

MADAME DE MOISAND

On va la chercher, Mesdames... J'ai fait demander la Souris.

PÉPA.

La Souris?

MADAME DE MOISAND.

Oui, Marthe... la petite de Moisand.

PÉPA.

Ah! votre seconde fille?

MADAME DE MOISAND.

Pas ma fille, non; la fille du premier mariage de mon second mari.

PÉPA.

Oh! moi, les seconds maris, les premiers mariages, les secondes filles!...

MADAME DE MOISAND.

Enfin, ma belle-fille.

HERMINE.

Mais pourquoi Souris?

MADAME DE MOISAND, cherchant.

Parce que... Je ne sais pas, moi... Elle est petite,

2

menue, effarouchée, on ne la voit pas, on ne l'entend
pas... elle se fourre dans les coins... C'est Clotilde qui
l'appelle comme cela... Je ne sais pas...

PÉPA.

Ah! elle est sortie du couvent?

MADAME DE MOISAND.

Depuis quinze jours, oui; Clotilde l'a voulu absolument. Elle l'adore.

PÉPA.

Quel âge a-t-elle donc?

MADAME DE MOISAND.

Dix-sept ans.

PÉPA.

Ah! ah! Et elle est jolie?

MADAME DE MOISAND.

Oh! bien insignifiante encore, vous comprenez; c'est
timide, c'est gauche, ça ne dit rien...

PÉPA.

Ça n'en pense pas moins, allez!

MADAME DE MOISAND.

Oh! ni plus, celle-là... Et, malgré la supérieure qui
mettait toujours au bas de ses notes « trop timide... à
surveiller... », j'ai malheureusement toutes raisons de
croire qu'elle n'a pas grande malice, et qu'elle... (Apercevant Marthe qui est entrée sans bruit.) Eh bien, comment?
vous étiez là? Voyez-vous la Souris, hein?... sans qu'on
l'entende! toujours!... Je déteste cela, moi!... D'où
venez-vous donc?

SCÈNE VII

LES MÊMES, MARTHE, elle paraît très timide
et parle bas, en hésitant.

MARTHE.

De la rivière.

MADAME DE MOISAND.

Et votre piano?

MARTHE.

Je dessinais.

MADAME DE MOISAND, tendant la main.

Faites voir.

MARTHE, embarrassée.

Je... Je n'ai pas mon album.

MADAME DE MOISAND.

C'est cela, jamais! Jamais on ne peut voir cet album,
figurez-vous! Mais pourquoi, enfin, pourquoi le cachez-
vous ainsi?

PÉPA.

Ne la grondez pas, voyons! Qu'est-ce que vous disiez
donc? Elle est très jolie!

MADAME DE MOISAND.

Oh! jolie! une gamine... C'est Clotilde qui est embellie,
vous allez voir! (A Marthe.) Mais saluez donc ces dames!

HERMINE, à Pépa, bas.

C'est vrai qu'elle ressemble à une petite souris blanche.

PÉPA, à Hermine, de même.

Elle a l'air d'une enfant battue.

MADAME DE MOISAND, à Marthe.

Savez-vous si la comtesse rentrera bientôt ?

MARTHE, très timide.

A quatre heures !

MADAME DE MOISAND.

Elle vous l'a dit ?

MARTHE.

Non.

MADAME DE MOISAND.

Alors pourquoi ?... parlez donc !... Il faut toujours vous arracher les mots...

PÉPA, bas à Hermine.

Pas tendre, la belle-mère !

MADAME DE MOISAND, à Marthe.

Pourquoi ?

MARTHE.

Elle monte à cheval.

MADAME DE MOISAND.

Avec vous ?

MARTHE.

Je ne sais pas.

MADAME DE MOISAND.

Avec monsieur Max?

HERMINE et PÉPA, étonnées et dressant l'oreille.

Monsieur Max ?

MADAME DE MOISAND.

En tous cas, vous monterez avec eux. Vous savez où elle est ?

MARTHE.

Chez Jacquier... je crois ?...

MADAME DE MOISAND.

Oui, allez la chercher.

PÉPA.

Oh! par cette chaleur !... Envoyez un domestique.

MADAME DE MOISAND.

Non! non! Laissez! Elle ira plus vite.

PÉPA, bas à Hermine.

Elle fait les courses.

MADAME DE MOISAND, à Marthe.

Allez !

MARTHE.

C'est que...

MADAME DE MOISAND.

Quoi encore ?... Parlez donc !.. C'est que ?...

MARTHE.

On y est allé... je crois.

MADAME DE MOISAND.

Quand donc ?

MARTHE.

Il y a une heure.

MADAME DE MOISAND.

Monsieur Max ?

MARTHE.

Je ne s... je crois.

MADAME DE MOISAND.

Raison de plus ! Je veux dire... ça ne fait rien, allez-y tout de même, et dites à ma fille qu'on l'attend ici, deux de ses amies de Paris... Allez vite, pas par le bois, par la route, c'est plus court, je vais vous montrer. (Elle emmène Marthe vers le fond.)

PÉPA, à Marthe.

Prenez mon ombrelle, au moins.

MADAME DE MOISAND.

Oh ! à son âge !... (Voyant le coin de l'album de Marthe, qui sort de sa poche.) Eh bien, qu'est-ce que vous disiez donc ? mais le voilà ! (Elle le tire.)

PÉPA.

Quoi donc ?

MADAME DE MOISAND, le montrant.

Son album !

MARTHE, effarée.

Madame ! (Elle essaye de le lui reprendre.)

MADAME DE MOISAND.

Voyons un peu cela ! (Elle va pour l'ouvrir.)

MARTHE, affolée et en larmes, essayant toujours de reprendre l'album à madame de Moisand qui se défend.

Je vous en prie ! je vous en prie, Madame !

MADAME DE MOISAND.

Laissez donc ! Je veux ! je veux !

PÉPA et **HERMINE**, s'interposant.

Voyons, Madame !

MADAME DE MOISAND.

Mais si ! mais si ! On n'est pas timide comme cela ! C'est ridicule, je veux le voir à la fin !

MARTHE, même jeu toujours et tout en larmes.

Oh ! Madame, laissez ! Non ! non ! Madame !

PÉPA, protestant et essayant de reprendre l'album, elle aussi.

Mais puisqu'elle ne le veut pas, voyons, Madame !

MADAME DE MOISAND.

Mon Dieu, que de bruit ! C'est bon ! gardez-le votre album ! (Elle l'abandonne à Marthe qui le tenait.) Et allez chercher Clotilde ! C'est absurde ! Allons, venez que je vous montre la route... Ah ! vous donnez à ces dames une jolie idée de votre caractère ! (Elle l'emmène au fond et lui parle en lui désignant son chemin.)

HERMINE, à Pépa, sur le devant de la scène.

Mais c'est Cendrillon !

PÉPA.

Pauvre mignonne ! (Réfléchissant.) Pourquoi appelle-t-on belles-mères des femmes qui ne sont ni l'une ni l'autre ?

HERMINE.

Celle-ci est assez belle.

PÉPA.

Oui, mais pas assez mûre.

MADAME DE MOISAND, qui a congédié Marthe, redescend en scène.

Maintenant je suis tout à vous.

SCÈNE VIII

HERMINE, PÉPA, MADAME DE MOISAND.

PÉPA, curieuse.

Ah çà! voyons, chère Madame... Max? Il y a donc un Max? Quel est ce Max?... Votre île est habitée alors?

MADAME DE MOISAND.

Depuis un mois, oui, pour mon malheur. Asseyez-vous, chères dames, je vais vous expliquer ma position, elle est cruelle. Vous me guiderez; moi, vous savez, je n'ai jamais quitté ma province. Je n'entends rien aux intrigues...

PÉPA et HERMINE, s'approchant.

Aux intrigues?

MADAME DE MOISAND.

Oui, enfin, aux affaires de cœur...

PÉPA et HERMINE, s'approchant encore.

Ah! c'est une affaire?...

MADAME DE MOISAND.

J'ai été mariée deux fois, j'ai toujours aimé mes maris, mes maris m'ont toujours aimée... C'est pour vous dire que je n'ai aucune expérience de certaines choses. Vous qui vivez à Paris, plus près de ce milieu où son mariage déplorable avait jeté ma fille, il m'a semblé que vous pourriez peut-être me venir en aide, à moi et à ma pauvre Clotilde, si vous le vouliez.

PÉPA, très intéressée.

Comment donc! je crois bien!

HERMINE, de même.

Pauvre femme!

MADAME DE MOISAND.

Je vais vous ouvrir mon cœur.

PÉPA.

C'est cela! Ouvrez, chère Madame, ouvrez.

Elles se rapprochent toutes les trois.

MADAME DE MOISAND.

Oh! ce fatal mariage! Je le disais à mon second mari...

HERMINE.

Votre second?

MADAME DE MOISAND.

Mon second, oui; mon premier était bien le père de Clotilde, mais celui qui l'a mariée, ce n'est pas mon premier, c'est mon second.

PÉPA, à part.

C'est une charade!

MADAME DE MOISAND.

Je lui disais toujours : « Ce comte Woïski est de grande famille, riche, jeune, beau, c'est vrai ; mais il est étranger, et les étrangers on ne les connaît pas. » Il me répondait : « Bah ! les Français on les connaît trop. » Enfin, ça c'est fait, et vous savez la suite : ce prince charmant était un débauché de la pire espèce, un joueur, un buveur, un lubrique...

PÉPA, retenant une envie de rire.

Oh !

MADAME DE MOISAND.

Oui, il faisait la cour à toutes les femmes, si vous saviez !

PÉPA.

Si je le sais ! Et Hermine donc !

MADAME DE MOISAND.

A vous aussi ? Des amies de sa femme, quelle horreur !

PÉPA, admirative.

Oh !...

MADAME DE MOISAND.

Et ce n'est pas tout... Il passait toutes ses nuits dehors, au cabaret, avec de mauvaises femmes, dans des orgies... On le rapportait !

PÉPA.

Oui, oui, il avait pris le rapide.

MADAME DE MOISAND, sans comprendre.

Le rapide ?

PÉPA.

Enfin, il allait vite !

MADAME DE MOISAND.

Si vite qu'au bout de trois ans, il était dans une maison de santé, à l'étranger, avec défense de le voir, et ma fille, chez moi, dans quel état ! vous devinez ? Ce n'est pas qu'elle aimât ce monstre, qui la frappait !...

HERMINE et **PÉPA.**

Oh ! elle vous a dit ?

MADAME DE MOISAND.

Elle ! Ah ! elle mourrait plutôt que de se plaindre ; non, je l'ai su par les domestiques, après, comme toujours... mais enfin, elle avait beau ne plus l'aimer, quel avenir !... Nous tâchions bien de la distraire... Monsieur le curé la prenait deux heures par jour. Moi j'essayais de tous les moyens : on faisait des promenades... des parties de pêche... le soir ou jouait au whist...

PÉPA, retenant une envie de rire, bas à Hermine.

Des folies !...

MADAME DE MOISAND.

Enfin, ce que nous pouvions, sans grand succès... Mais, quand on fait ce qu'on peut, n'est-ce pas, Mesdames ?... Ah ! et puis, elle montait à cheval...

PÉPA.

Oui, enfin, quand tout à coup !...

MADAME DE MOISAND, étonnée.

Quand tout à coup ?...

PÉPA.

M. Max fit son entrée...

MADAME DE MOISAND.

Il y a six semaines, oui. Il a des terres de ce côté, il
paraît. Il venait voir ma fille. C'est un ancien ami. Elle
nous en avait bien parlé quelquefois par-ci par-là, en
lisant le journal : « Tiens ! c'est le cheval de Max qui a
gagné... Allons ! Max a encore une affaire... Ah ! Max
n'est plus avec madame une telle, il paraît. » Mais
j'avais oublié cela, moi. Le fait est qu'il était charmant,
plus très jeune, mais charmant, sérieux, distingué ; il
nous a entortillés tout de suite, et tous, monsieur le
curé aussi... Il a beau dire... Enfin, je l'ai invité à
rester !

PÉPA.

Le fâcheux impair !

MADAME DE MOISAN, étonnée, derechef.

Impair ?...

HERMINE.

Alors il était charmant ?

MADAME DE MOISAND.

Charmant, Madame ; il me donnait le bras, il faisait
ma petite partie, il racontait des anecdotes... Charmant !
Clotilde, qui était malade, reprenait à vue d'œil... elle
était même gaie...

PÉPA.

Aïe !

MADAME DE MOISAND.

Moi, je n'y voyais rien. (Elle rapproche son siège de Pépa.) Un
jour, monsieur le curé m'arrive tout embarrassé et me
dit : « Ma chère dame, je crains fort que nous n'ayons
introduit le loup dans la bergerie. — Le loup, monsieur
le curé ? — Dieu me garde des jugements téméraires,

mais je crois pouvoir affirmer, sauf erreur, dont je serais heureux, que monsieur le marquis (il est marquis) a des allures avec madame la comtesse. — Ah! mon Dieu, l'abbé! — Observez-les, chère dame... » Et c'était vrai! Ils se promenaient le soir, ils causaient tout bas, ils s'isolaient... enfin, ils avaient des allures!... Que faire? En parler à ma fille? Je n'osais pas. Congédier ce monsieur? Je ne pouvais pas! Que faire? Je vous le demande.

PÉPA.

Oh! bien, moi, j'aurais laissé aller.

HERMINE.

Oh! ma chère!

PÉPA.

Oh! ma chère, avec un mari pareil!...

MADAME DE MOISAND.

Mais, Mademoiselle, pour rien au monde!... Ma fille est une honnête femme! Non! maïs M. le curé avait son idée. « Ma chère dame, reprit-il, me voyant navrée, le cas est d'importance, mais peut-être y aurait-il un moyen de le résoudre avec le secours de la Providence. Vous avez une belle-fille; mademoiselle Marthe de Moisand est une personne accomplie, elle a dix-sept ans, d'aimables apparences, toutes les vertus chrétiennes qui peuvent embellir son sexe. Justement madame la comtesse Woïska vient de la rappeler ici, auprès d'elle... Pourquoi ne pas utiliser cette circonstance? Si le ciel veut bien nous aider, et en nous aidant un peu nous-mêmes, qui sait? Il peut changer le mal en bien. M. le marquis peut s'éprendre d'elle et l'épouser, et alors, nous aurions obtenu ce résultat doublement édifiant, d'empêcher le malheur de l'une et de faire le bonheur de l'autre. »

PÉPA.

Très malin, le curé.

MADAME DE MOISAND.

Oui. Mais malheureusement, comme je vous l'ai dit, cette enfant est tout à fait insignifiante, elle ne comprend pas... Nous avons beau la chapitrer... oh! à mots couverts, bien entendu!... Rien! Nous n'arrivons à rien! Elle a des petits talents, n'est-ce pas?... comme toutes les jeunes filles? Elle dessine, elle chante. elle joue du piano, elle a quelque instruction... Eh bien, c'est comme un fait exprès. Depuis qu'elle est revenue, plus de piano, plus de chant, plus d'album! Oh! ça, l'album! enfin. plus rien! Elle se refuse à tout ce qui pourrait la faire briller, attirer l'attention de ce monsieur, ses hommages... Il faut un peu de malice dans tout cela, n'est-ce pas. Mesdames?... Ainsi. tenez, avant-hier soir, le marquis était là, à côté de Clotilde, ils causaient; Marthe était ici, elle lisait. Tout en faisant mon piquet, M. le curé lui dit, oh! mais adroitement, sans affectation, vous comprenez... « Mademoiselle, j'ai quelque peu oublié l'aventure de Luther et les origines de la Réforme; veuillez donc me rappeler dans quelles circonstances naquit ce schisme déplorable? »

PÉPA, sur le point d'éclater.

Oh!

MADAME DE MOISAND.

Eh bien, Mesdames, elle s'est levée, et elle est partie sans souffler mot.

PÉPA, éclatant de rire à la fin.

Ah! ah! ah!

HERMINE.

Pépa!

PÉPA, riant.

Ah! ah! ah! Tant pis! Je ne peux plus! Ah! ah! ah!
Je vous demande pardon... Ah! ah! ah! Non! mais c'est
Luther qui arrive là, comme M. de Foy... Mariages riches
et autres! Célérité! discrétion! ah! ah! ah!

HERMINE.

C'est d'une inconvenance!

PÉPA, à madame de Moisand.

Oh! mais, vous n'y êtes pas du tout, ma pauvre dame,
mais pas du tout! Vous faites machine en arrière tout
le temps! La jeune fille en sucre qui dit papa et maman,
les qualités du cœur qui font le bonheur d'un honnête
homme, ça ne fait plus de mariages tout ça; ce serait
plutôt des cas de divorce, maintenant...

MADAME DE MOISAND.

Mais quoi alors, avec cette enfant?

PÉPA.

Voyons! Vous dites : plus très jeune le monsieur?
trente-sept à trente-huit ans, hein? peut-être quarante?
L'âge de la mue... c'est pourtant le moment de les
prendre! Qu'est-ce que vous voulez que je vous dise?
La Souris n'est pas de force.

MADAME DE MOISAND.

Mais non, mais justement, mais c'est ce que je me tue à
dire à monsieur le curé... la Souris n'est pas de force...
Il faudrait quelqu'un de plus adroit, de plus... une personne secourable qui voulût bien nous sauver de ce...
(Apercevant Marthe.) Encore? Ah! mais perdez donc cette
habitude de couvent d'entrer ainsi sans qu'on vous
entende!

SCÈNE IX

LES MÊMES, MARTHE.

MADAME DE MOISAND.

Et la comtesse?

MARTHE.

Elle me suit.

MADAME DE MOISAND.

Monsieur Max est avec elle?

MARTHE.

Oui, Madame...

MADAME DE MOISAND, à Hermine et à Pépa.

Et elle les laisse ensemble. Non, elle ne comprend rien!...

PÉPA, allant au fond.

Voyons donc ce terrible Max!

MADAME DE MOISAND, à Hermine.

Que faire, ma chère dame? aidez-moi, conseillez-moi!

HERMINE.

Et il est jeune encore, vous dites?

PÉPA, revenant, très agitée.

Oh! Hermine!

HERMINE.

Quoi donc?

PÉPA.

Madame de Moisand, vous avez bien une femme de chambre quelque part... Où est mon sac ?

HERMINE.

Mais enfin, qu'y a-t-il ?

PÉPA, cherchant son sac.

Allez voir ! (Hermine va au fond. A madame de Moisand.) Mon sac !... Quelqu'un pour ôter notre poussière, nous défriper un peu ?

HERMINE, revenant, très agitée à son tour.

Mais c'est M. de Simiers !

PÉPA, cherchant son sac.

Parfaitement !

HERMINE.

Celui de madame d'Herlot !

PÉPA.

De la baronne Elain !

HERMINE.

De la femme en blanc !

PÉPA.

Et cœtera ! et cœtera ! parfaitement ! Et nous qui le croyions perdu, marié, mort !... Ah ! cette fois, ma chère dame, votre curé avait raison... C'est véritablement le loup dans la bergerie !...

MADAME DE MOISAND.

Vous m'effrayez !

3

PÉPA.

Où est-elle, votre femme de chambre? Nous ne pouvons pas nous montrer comme cela, voyons, Hermine!

HERMINE, qui est allée prendre son sac.

Je crois convenable, en effet...

PÉPA, trouvant son sac.

Ah! voici. (Allant à droite.) Par là?

MADAME DE MOISAND.

Non.

PÉPA, allant à gauche.

Par ici alors? Vite! vite! Dix minutes! Le temps de nous recoiffer! Ah! M. de Simiers! Ah! mais, ça devient très amusant! hein? Hermine! quand je vous disais de rester... Vite! vite! Est-ce du flair? Non, mais en est-ce? Dix minutes! (Elle a tiré de son sac une petite boîte de poudre de riz, et sort en se poudrant fébrilement.)

SCÈNE X

MARTHE, CLOTILDE, MAX, habillé pour monter à cheval.

CLOTILDE.

Mais non, mon ami, vous n'avez pas changé, vous êtes toujours le même. Rassurez-vous, allez! Eh bien, Marthe, et ces dames?

MARTHE.

Ces dames? On les recoiffe.

CLOTILDE, à Max.

Ah! ah! pour vous, ça! L'effet de votre réputation...
C'est beau la gloire!

MAX.

Oh! Ne vous moquez pas de moi.

CLOTILDE, à Marthe.

Viens ici, toi! (Lui arrangeant les cheveux.) Toujours cette
mèche rebelle! (La regardant.) Mais, à part cela... Ah! petite
Souris, petite Souris, je crois que nous ne voulons plus
nous faire religieuse, hein? Quel âge as-tu au juste?

MARTHE.

Dix-huit ans!

CLOTILDE.

Déjà? Je ne croyais pas!... Dix-huit ans! c'est ef-
frayant! (Lui touchant légèrement le front du doigt.) Qu'est-ce qui
se passe là? Mystère! Regardez-la, Max, regardez ce
sphinx blanc et rose, encore enfant, déjà femme, avec ses
cheveux encore fous, sur ce front déjà pensif, cette
bouche encore muette aux lèvres déjà entr'ouvertes, ces
yeux où rien ne se voit, mais où tout se reflète, c'est la
jeunesse, mon ami, la jeunesse qui s'ignore, s'écoute et
attend! J'ai été comme elle! Ah! chère mignonne, ne
sois pas comme moi, va!... Tu m'aimes toujours bien,
malgré ton grand âge?

MARTHE, bas et passionnément.

Oh! oui!

CLOTILDE, l'imitant, en souriant.

Oh! oui!... Vous rappelez-vous, Max, que nous allions
la voir à son couvent? Car, malgré vos nombreux travaux,
vous m'y avez accompagné, vous aussi... (A Marthe.) T'en
souviens-tu?

MARTHE, baissant les yeux.

Trois fois !

CLOTILDE.

Trois fois seulement ! c'est vrai. La supérieure trouvait que vous faisiez trop sensation dans ce petit monde. Toujours votre réputation !... Qu'est-ce que vous avez ?... Vous boudez ?...

MAX.

Moi ?

CLOTILDE.

Dame ! silence obstiné, cravache nerveuse... Ah ! mais au fait, j'y pense, nous montons à cheval aujourd'hui. (A Marthe.) As-tu ton amazone, enfin ?

MARTHE.

Oui.

CLOTILDE.

Bon ! Tu viens avec nous... entendu !

MAX, renfrogné.

Ah !

CLOTILDE.

Vous dites ?...

MAX, gracieux.

Je dis : Ah !

MARTHE.

Alors, tu veux bien ?...

CLOTILDE.

Que tu essayes ton amazone ? Une amazone neuve, c'est moi qui ne te priverais pas de ce plaisir-là !... Ah ! mon Dieu ! ces dames ?... Il faut que je reste... Mais cela ne fait rien... tu sortiras avec M. Max... N'est-ce pas, Max, vous l'accompagnerez ?

MAX, contrarié.

Ah ? Bien !

CLOTILDE.

Mais qu'est-ce que vous dites, enfin ?

MAX, gracieux.

Je dis : Bien! Avec plaisir!

MARTHE, timidement, à Clotilde.

Si M. de Simiers ne veut pas?...

CLOTILDE.

Comment! s'il ne veut pas?

MAX.

Oh! mademoiselle Souris, je suis à vos ordres... Faut-il prendre la longe?...

CLOTILDE.

La longe! mauvais plaisant!... Elle sait monter, et très bien même. Là-dessus vous pouvez être aussi tranquille que moi. La chaleur est tombée, vous allez faire une promenade délicieuse, tout en causant.

MAX, entre ses dents.

C'est ça... de Luther!

CLOTILDE.

Max, ne la taquinez pas, voyons! (A Marthe.) Il faut t'ha-biller, toi, il est temps... Une amazone neuve!... Vas-tu être belle!... Ah! c'est égal!... Dix-huit ans!... Tu au-rais mieux fait de rester petite, tu étais bien plus gen-tille, bien plus... enfin... plus ma Souris... (A Max.), pas beaucoup plus bavarde par exemple, mais dans son affection discrète, si... comment dire?... si pénétrante,

si tendre... Je me souviens qu'un jour... un mauvais
jour... j'en ai eu quelques-uns, mais celui-là était des
pires... J'étais seule, chez moi. Elle est entrée... sans
qu'on l'entende, comme d'habitude... Je pleurais... Elle
s'est arrêtée, interdite, puis, elle s'est approchée de moi
à petits pas, tout doucement... Elle m'a regardée... ses
yeux sont devenus rouges, son petit menton a remué,
elle a mis ses bras autour de mon cou, et elle m'a dit
tout bas : « Ne pleure pas, maman. » Maman! Il n'est pas
long ce mot-là?... Eh bien, il a changé ma vie! Ah!
chérie!... (Elle l'embrasse.) Va t'habiller, va!

Marthe sort.

SCÈNE XI

MAX, CLOTILDE.

CLOTILDE.

Est-ce que vous boudez, réellement?

MAX.

Je boude... je boude... Je comptais me promener avec
vous et vous m'envoyez promener avec la Souris... Bonne
d'enfants, alors?...

CLOTILDE.

Marthe n'est plus une enfant, mon ami, vous la traitez
aussi trop légèrement. Vous ne la connaissez pas. Dans
cette enfant, il y a une femme. Pourquoi la taquiner
ainsi?... Qu'est-ce que vous avez contre elle, enfin?

MAX.

J'ai... J'ai que je finirai par la prendre en grippe, moi,

votre Souris. Elle est toujours là, on ne peut rien vous dire... Oh! non, c'est trop : vous l'aimez trop, là, vraiment!

CLOTILDE.

Ah! c'est que je suis de la race des sœurs, moi, vous me l'avez dit autrefois..., et puis, je lui dois tant, si vous saviez! Que serais-je devenue sans elle, moi, dans ce milieu tapageur et malsain où mon mariage m'avait jetée, et où vous m'avez connue? car vous en faisiez le plus bel ornement, souvenez-vous en !... Dire que j'ai été une agitée comme Pépa... Est-ce étrange? Mais, le plus étrange, c'est que, parmi tous ces fous qui m'entouraient, il s'en est trouvé un qui me faisait de la morale! Et c'était vous... Vous! Et de quel air affectueux et triste vous me donniez vos bons conseils... quand vous n'étiez pas furieux... Car vous étiez dur aussi, parfois... Vous rappelez-vous ce jour où, à propos de je ne sais plus quelle extravagance, dont je m'étais assez mal tirée, il paraît, vous m'avez dit : « Laissez donc cela aux autres, Clotilde, vous n'êtes bonne qu'à faire une honnête femme, vous!... » Ce que cela m'a vexée!... Mais que c'était bien à vous! Vous êtes un honnête homme, vous, mon ami.

MAX.

Ne vous moquez donc pas de moi, voyons.

CLOTILDE.

Oh! non! C'est autrefois que je m'en moquais... Ah! dame, vous ne prêchiez pas d'exemple, avouez-le, mais j'ai bien réfléchi à tout cela depuis... Je ne l'oublierai jamais!... (Elle lui tend la main.) Eh! bien, au plus fort de mes folies, j'avais des moments lucides, je pensais à cette enfant, entre deux valses; j'allais la voir, entre deux visites... pas souvent, mais enfin, assez pour me rattacher

au devoir. Vous n'y auriez peut-être pas suffi, vous tout
seul. Et plus tard, quand l'écroulement s'est fait, quand
la maladie m'a séparée de ce malheureux, sans même
qu'il me fût permis de lui consacrer mes soins... qu'est-ce
que j'aurais fait de moi alors? A quoi me reprendre?
A qui me donner? Tout m'était défendu, jusqu'au dévouement... Tout était coupable, jusqu'au rêve... Marthe
a pris ma vie, elle a utilisé mon cœur, elle m'a fait voir
que, même après tous nos bonheurs perdus, il nous en
reste toujours un dernier, celui des autres. Non! non!
croyez-moi, allez, mon ami, c'est à peine assez de l'aimer
trop !...

MAX.

Mon Dieu! vous! je ne dis pas, mais moi! C'est vrai,
cette enfant, entre nous, toujours! Et ce n'était pas assez
d'elle encore, pas assez de votre mère, pas assez de votre
curé! Voilà deux amies à présent...

CLOTILDE.

Plaignez-vous donc : deux chapitres de plus à vos vic-
toires et conquêtes !...

MAX.

Oh! les conquêtes! les coquettes!... Et Paris et les
Parisiennes! et les femmes du monde qui font les
cocottes !... Ah! Dieu, n'en parlons plus, c'est fini, vous
savez bien.

CLOTILDE.

Oh ! votre conversion!... Pas de confiance!

MAX.

Mais enfin, pourquoi? Vous avez bien changé, vous!

CLOTILDE.

Oh! moi... j'ai souffert!

MAX.

Et moi... j'ai vieilli !

CLOTILDE.

Allons donc ! Est-ce qu'on vieillit à présent ? Et d'ailleurs, un homme, à quoi voit-il ça ?

MAX.

Un homme ?... Aux femmes donc ! Oh ! elles me le font assez voir, allez !

CLOTILDE.

Mais à quoi, enfin ?

MAX.

Mon Dieu ! à mille choses ! des nuances, des indices, des riens, si vous voulez, mais enfin... Enfin je ne suis plus le Max d'autrefois. Je suis sans importance aujourd'hui. Je le sens, je vous dis... (S'animant.) Mais autrefois, quand on me présentait aux femmes, il y avait chez elles une émotion visible, des regards, une curiosité, des chuchotements derrière l'éventail : « Comme il ressemble à un tel, vous ne trouvez pas, ma chère ? » Ah ! je ne ressemble plus à personne à présent ! Autrefois, dès que je me déclarais à une femme, elle prenait son plus grand air : « Y songez-vous, monsieur de Simiers ? » A présent, elle me tend la main d'un air doux et me dit plaintivement : « Mon bon Max, restons amis ! » Oh ! non, trop d'amis !... Ah ! voilà ! le temps a marché. Je n'ai plus la note. Je suis démodé. Si, si, oh ! je le sens bien. Et dans tout : jusque dans mon nom, Max ! comme dans Robin des Bois ! jusque dans mon titre : marquis ! comme dans l'ancien répertoire ! jusque dans ma politesse avec les femmes, jusque dans mon respect pour elles !... Ah ! il s'agit bien de tout cela, aujourd'hui que les hommes les traitent en filles et que l'Amour parle argot !... (S'animant de plus en plus.)

Mais, j'en suis encore à la déclaration classique, moi!
A genoux, comme au théâtre!... et je suis sincère et j'y
crois et je me dépense, et je me donne!... Non, je vous
dis que je suis démodé, troubadour abricot, enfin,
pas dans le train, là!... comme disent les femmes mo-
dernes. (Avec emportement.) Eh bien, cela m'est égal! Jamais,
vous entendez, jamais, je ne pourrai me décider à dire à
quelqu'un du monde, que j'estime, que j'aime : « Ah!
marquise, marquise, quel béguin j'ai pour vous! » Jamais!

CLOTILDE, souriant.

Eh bien, eh bien! bon vieillard!

MAX.

Oui, c'est vrai, pardon, je ris, mais j'ai le cœur gros,
allez! (Il prend une chaise et va pour s'asseoir.) Tenez, voulez-vous
que je vous dise pourquoi j'ai quitté Paris, il y a trois
mois?

CLOTILDE.

L'affaire de madame d'Herlot? Le duel avec le volontaire?...

MAX, embarrassé.

Ah! vous savez... hum! Non, ce n'est pas cela...

CLOTILDE.

La femme en blanc, alors?...

MAX.

Vous savez aussi... Comment?

CLOTILDE.

Enfin, je le sais.

MAX, s'asseyant.

Non, ce n'est pas encore cela. C'est sur un simple

mot... Oui! c'est un mot qui a changé ma vie, à moi aussi, seulement moins tendre que le vôtre. Un coup de cloche! Je sortais d'un bal... Au fait! Je ne sais pas pourquoi je vous raconte cela... Ce n'est pas à ma gloire... C'est vrai, je vous dis tout, à vous...

CLOTILDE.

Puisque je suis de la race des sœurs... Vous sortiez d'un bal?

MAX.

Oui, je descendais l'escalier, deux dames le descendaient aussi, mais au-dessous de moi, elles ne me voyaient pas, nous marchions sur le tapis, elles ne m'entendaient pas, et elles causaient. « Eh bien, ma chère, disait l'une, vous avez vu le beau Max? » Je vous demande pardon, il y a trois mois...

CLOTILDE.

Allez donc!

MAX.

« Oui, répondait l'autre. — Il vous fait la cour n'est-ce pas? — Oh! comme à tout le monde... » Et je vous assure...

CLOTILDE.

Puisqu'il y a trois mois, allez donc!

MAX.

« Il est extraordinaire, ma chère, il ne change pas... » Quand on dit ça de vous! « Oui, il est encore bien. » Encore! l'adverbe de consolation... J'entendais tout cela, moi, de l'étage au-dessus, vous comprenez? « Il est encore bien, oui, mais il commence à être un peu... vous savez, un peu... vieux jeu. » (Avec éclat.) Vieux jeu! Vous n'imaginez pas l'effet que cela m'a fait!

J'ai senti en moi comme un effondrement. Vieux
jeu!... Du coup, j'ai perdu ma confiance, et, subitement, je suis devenu timide.

CLOTILDE.

Vous ?

MAX.

Comme à quinze ans, ma parole d'honneur! Je me suis
vu dans un éclair, vieux, obsédant, ridicule, et m'obsti-
nant à l'ignorer, m'illusionnant avec les aphorismes
classiques et consolateurs que vous savez : « Le cœur
ne vieillit pas. On n'a que l'âge que l'on paraît. Les
plus âgés ne sont pas les plus vieux... » Et, —vision plus
triste encore ! — n'offrant plus aux femmes que par
vanité des soins qu'elles n'acceptaient plus que par
lassitude, glissant peu à peu de l'amour dans le plaisir.
du plaisir dans l'habitude et de l'habitude dans le vice...
Pouah! j'ai pris le train!...

CLOTILDE.

Parce que vous êtes un honnête homme, je vous dis.

MAX, avec humeur.

Oui, vous me le dites même trop! Et c'est alors que je
suis venu m'enfouir à la campagne, chez moi, désolé! Oh!
je ne m'en cache pas, désolé! Que faire? Que devenir?
D'autres ont l'ambition, le travail, le vice même!... Moi,
je n'ai que l'amour. C'est vrai, j'avais fait de l'amour ma
carrière... J'ai bien eu, un instant, en arrivant chez moi,
la velléité d'être député... comme tout le monde... Mais,
au premier verre, le cœur m'a manqué... Quoi, alors?
vieillir! Ah! vieillir, pensez donc! se surveiller, se
craindre, se contraindre, vivre enfermé entre le désir et
le ridicule, sans oser un instant s'échapper à soi-même,
douter toujours, ne plus croire jamais, ne plus être aimé

jamais ! ne plus aimer jamais ! (Il se lève.) Ah ! ne plus
aimer surtout ! ne plus frissonner à l'odeur d'un parfum,
pàlir au froufrou d'une robe, presser délicieusement un
gant sur sa chair, embrasser en pleurant une fleur sèche,
un ruban fané, un papier jauni, que sais-je ? Ne plus faire
ces choses stupides et douces, ridicules et presque sa-
crées, dont on rit tout haut, mais dont on pleure tout bas,
et qui restent dans le souvenir entre ce sourire et cette
larme... et qui sont le bonheur de la vie, après tout !
toute la vie même ! Ce n'est que quand on commence à
aimer, qu'en vérité, l'on commence à vivre ; et ne plus
aimer c'est commencer à mourir ! Ah ! Clotilde ! Clotilde !
ne plus avoir cela, quelle misère ! N'en plus souffrir,
quelle souffrance ! En rire même peut-être un jour, quelle
tristesse ! Enfin, je suis donc resté trois mois ainsi à
rouler ces idées peu gaies... et, ma foi ! au troisième...

CLOTILDE.

Au troisième, comme j'avais la nostalgie des conquêtes
et des coquettes, de Paris et des Parisiennes, et des
femmes du monde qui font les cocottes, je me suis sou-
venu que mon amie Clotilde était ma voisine de campagne,
et je suis venu chez elle, croyant retrouver la folle maison
d'autrefois et la joyeuse société des anciens jours... Hein ?
quelle désillusion ? Mais j'y songe ! vous devez vous
ennuyer horriblement ici ?

MAX.

Jamais je n'ai été plus heureux.

CLOTILDE.

Ah !

MAX.

Voulez-vous savoir mon rêve ? Ce serait de vivre ainsi,
toujours, dans le charme de cette intimité confiante et

calme que je ne connaissais pas, et que vous m'avez fait connaître.

CLOTILDE.

Il faut vous marier, mon ami !

MAX.

Ah ! bien ! Ah ! bon ! je l'attendais ! En voilà encore un indice ! Me marier ! C'est cela ! Épouser la Souris, n'est-ce pas ? Oh ! si vous croyez que je ne connais pas votre petit plan !

CLOTILDE.

Eh bien, mon ami ?

MAX.

Une mineure, maintenant ! Oh ! non ! alors. Pas si vieux que cela, voyons ! je n'ai que trente... hum ! trente-six ans, après tout ! Et puis, enfin, je la déteste, votre Souris, vous savez bien, et elle me déteste !... Mais si, pour elle, je ne suis qu'un octogénaire bien conservé... à son âge, moi, les gens du mien...

CLOTILDE.

Vos âges s'attirent, au contraire.

MAX.

Mais enfin, pourquoi ? A quel propos ? Quelle idée de me faire épouser cette enfant insignifiante ?...

CLOTILDE.

Vous ne la connaissez pas, je vous dis.

MAX.

Non ! j'en étais sûr ! Avouez que c'est pour cela que vous l'avez fait venir, et que vous me dites tant de bien d'elle, et que vous lui dites tant de bien de moi!... Et c'est vous, vous!... Oh! que c'est mal!... Est-ce que je veux me marier, d'ailleurs? Je ne me marierai pas, jamais, à moins qu'un jour... Ah! Clotilde, il n'y a qu'une femme qui m'ait fait comprendre le mariage...

CLOTILDE.

Épousez-la!

MAX.

Elle n'est pas libre!

CLOTILDE.

Alors, vous avez raison, n'y pensez plus.

MAX.

Mais j'y pense, au contraire! mais je ne pense qu'à cela! Ah! si j'osais... comme je lui dirais...

CLOTILDE, se levant.

Ce qu'elle ne doit pas entendre? Ne faites pas cela. Max. N'attentez pas à l'estime qu'elle doit avoir pour vous, au respect que vous devez avoir pour elle. Ne faites pas cela. Vous êtes un homme charmant, mon ami, la nature vous a fait bon, l'amour vous a laissé aimant, le bonheur vous a conservé jeune, gardez tout cela pour une autre qui, plus heureuse qu'elle, ait la liberté de croire et le droit d'espérer. N'essayez pas de troubler une âme déjà troublée, peut-être, ne faites pas cela, jamais!... (Souriant.) Et d'ailleurs, voyons, vous ne le pourriez pas. Vous qui donniez autrefois de si bons conseils à celles qui sont folles, vous n'en donneriez pas maintenant de mauvais à celles qui sont sages. (Plus grave.) Ne lui dites rien, croyez-moi. Je ne connais pas cette femme, mais je suis sûre que ce silence que vous attribuez à votre timidité, elle en fera honneur à votre délicatesse et que son amitié vous en saura gré.

MAX, à part.

C'est cela, encore une amie! Mon bon Max, restons amis! toujours! (Marthe paraît.) Allons bon, la Souris maintenant... (Riant ironiquement.) Ma fiancée!...

SCÈNE XII

LES MÊMES, MARTHE, habillée en amazone, puis HERMINE et PÉPA, puis MADAME DE MOISAND.

CLOTILDE, à Marthe qui entre.

Oh! oh! approche un peu! Voyons, tourne-toi... Très bien, une pince là, et ce sera parfait... Es-tu jolie!.. Voyez donc, Max!.. Ah! jeunesse! nous allons montrer à ces Parisiennes qu'en province... Les voilà!

Entrent Pépa et Hermine.

PÉPA, se précipitant et avec chaleur.

Ah! Clotilde! Ah! ma chère Clotilde! que je suis contente de vous revoir! (Elle l'embrasse.)

CLOTILDE.

Cette bonne Pépa!

HERMINE, lui tendant la main.

Et moi, comtesse, bien heureuse!

CLOTILDE.

Chère Madame!

HERMINE.

Croyez que je prends une part bien vive à votre chagrin...

PÉPA.

Et moi, à votre ennui...

CLOTILDE.

Oh! mon ennui...

PÉPA.

Quinze mois de province! Écoutez, c'est raide!

HERMINE.

C'est une noble attitude, comtesse, et bien digne de vous!

PÉPA.

Quinze mois! Et jamais à Paris, alors?

CLOTILDE.

Oh! quand mon notaire m'y appelle, c'est-à-dire rarement.

PÉPA.

Rarement c'est affreux! Vous que j'ai connue si heureuse, si gaie...

CLOTILDE, hochant la tête.

Oh! plutôt gaie.

PÉPA.

Et il n'y a pas longtemps, enfin...

CLOTILDE.

Non, mais il y a loin.

HERMINE.

Et si entourée! Vous retrouver ainsi seule!

1

CLOTILDE.

Seule ! oh ! non... (Elle embrasse Marthe.) Va, ma chérie,
je te rejoins.

Marthe sort.

PÉPA.

Comment ! pas seule ? Vous avez quelqu'un ? (Feignant
d'apercevoir Max.) Ah ! ce n'est pas possible ! M. de Simiers,
ma chère !

HERMINE, feignant d'être étonnée, elle aussi.

M. de Simiers !

PÉPA.

En voilà une surprise ! Vous, ici ?

MAX, saluant.

Mesdames...

PÉPA.

Mais je vous croyais mort !

MAX.

Déjà !

HERMINE.

Mais il y a des siècles qu'on ne vous a vu, marquis !

MAX.

Vous êtes trop bonne... Trois mois seulement, baronne.

HERMINE.

Trois mois !... C'est extraordinaire, vous ne changez
pas !

MAX, à part.

Allons, bon !

PÉPA.

Ah ! bien, moi, Hermine, je ne suis pas de votre avis...
Avec cette moustache... il ressemble à Paul d'Esmond...
Vous ne trouvez pas, ma chère ?

CLOTILDE, bas, à Max.

Ah !

PÉPA.

Alors, pendant que nous pleurions là-bas, vous étiez
ici, vous, caché ?...

MAX.

Oh ! caché !... En visite, simplement. Je suis un voisin, moi.

PÉPA.

Un voisin dangereux, Clotilde ; prenez garde !

MAX.

Moi ?

HERMINE.

Si, si, très dangereux...

MAX.

Permettez...

PÉPA.

Et un convaincu, méfiez-vous, ma chère, c'est le genre
sérieux, vous savez ! Ah ! si je restais ici, c'est moi qui
me ferais faire la cour !

HERMINE.

Pépa !

PÉPA.

J'adore ce genre-là, moi d'abord !

CLOTILDE.

Comment! si vous restiez? Mais vous restez, j'espère.

PÉPA.

Non! oh non!

HERMINE.

M. de Simiers ne nous le pardonnerait jamais!

MAX.

Comment?

PÉPA.

Et vous donc, Clotilde?

CLOTILDE.

Moi? Et pourquoi, je vous prie?

HERMINE et PÉPA.

Non! non! non! non!

HERMINE.

C'est assez d'avoir été importune, sans être indiscrète.

CLOTILDE.

Indiscrète... importune... je ne comprends pas.

HERMINE.

Troubler votre idylle!... Oh! comtesse, je m'en voudrais mal de mort.

CLOTILDE, sérieuse.

Ah! c'est cela? Oh! bien, rassurez-vous et restez sans crainte : il n'y a pas entre nous la moindre idylle.

HERMINE.

Oh! pas la moindre... M. de Simiers est un homme trop galant...

CLOTILDE.

Oui, mais c'est aussi un galant homme, et je ne suis pas libre.

PÉPA.

Pas libre de flirter un peu? Oh!... autrefois je ne dis pas. Et encore! Mais à présent?... Pas libre! allons donc! Entre votre liberté et votre volonté, qui est-ce qu'il y a?

CLOTILDE, fièrement.

Mais il y a... il y a moi!

HERMINE.

Ne vous fâchez pas, comtesse!

PÉPA.

Hein? Est-elle devenue?...

CLOTILDE.

Provinciale, n'est-ce pas? Oui, c'est vrai, c'est absurde! Vous plaisantez et moi... Ah! c'est que votre article-Paris, je n'y suis plus du tout. Pardonnez-moi!

MADAME DE MOISAND, entrant, bas à Pépa.

On est allé chercher vos bagages.

PÉPA, de même.

Bien!

CLOTILDE, à Hermine et Pépa.

Puisque ma mère est là, voulez-vous me permettre de vous quitter un instant, Mesdames ?

PÉPA.

Comment donc !

CLOTILDE.

Le temps de mettre Marthe à cheval et je reviens.

PÉPA.

Ah ! elle sort avec...

CLOTILDE.

Avec M. de Simiers, oui...

HERMINE et PÉPA.

Allez donc, comtesse ! allez !

CLOTILDE, bas à Max en s'en allant.

Vous avez raison, elles sont assommantes, mes amies.

MAX.

Euh ! Pépa... un peu moderne, mais aimable.

CLOTILDE, souriant.

Oui, oui, parce que vous ressemblez à Paul d'Esmond, n'est-ce pas ?... Oh ! comme je vous connais, vous ! (Max et Clotilde sortent.)

SCÈNE XIII

HERMINE, PÉPA, MADAME DE MOISAND.

Elles se rapprochent mystérieusement toutes les trois.

MADAME DE MOISAND.

Eh ! bien ?

PÉPA.

Eh bien, ma chère dame, votre curé avait raison.

MADAME DE MOISAND.

Elle l'aime !

PÉPA.

Si elle l'aime !... dites donc, Hermine ?

HERMINE.

Pauvre femme !

MADAME DE MOISAND.

Ah ! mon Dieu !

PÉPA.

Oh ! non ! trop de renoncement et de sentiment... et d'emportement !... Et sa parole !... Et sa fierté !... Ah ! bien, c'est cela qui est égal au nommé Amour quand il s'en mêle ! Non ! pour moi, voyez-vous, c'est aussi clair !... Mais rappelez-vous donc ce que vous m'avez dit ! Elle est ici depuis quinze mois, seule, ennuyée...

MADAME DE MOISAND.

Je n'ai pas dit ennuyée, j'ai dit malade.

PÉPA.

Les femmes n'ont qu'une maladie l'ennui et qu'un
remède l'amour. Je vous dis qu'elle l'aime, je le sens!
Nous autres vieilles filles, voyez-vous, nous avons un
nez pour ces choses-là!... Ah! si elle était libre, vous
l'auriez pour gendre, et rapidement, je vous en réponds!

MADAME DE MOISAND.

Pour gendre, je ne dis pas, mais... Ah! malheureuse
enfant! Madame de Sagancey, ma chère demoiselle, vous
n'allez pas m'abandonner!

PÉPA.

Nous?... Ah! bien, il n'y a pas de danger, par exemple!

HERMINE.

Comment! Pépa?

PÉPA.

Oh! ma chère, il faut la tirer de là! Oh! mais absolument! Et ce que ça va être amusant, songez donc! (A madame
de Moisand.) Avant huit jours, nous vous en débarassons, de
votre loup, soyez tranquille.

HERMINE.

Permettez, ma chère...

PÉPA.

Oh! d'abord, Hermine, partez si vous voulez, moi je
reste!... (A madame de Moisand, montrant Hermine.) Et elle aussi!...
Oui, oui, c'est convenu! Elle reste! Elle en meurt
d'envie, vous savez!... Elle reste, et nous enlevons le

monsieur! vous allez voir ce petit travail! Allons, Hermine, un match!... Première au poteau!

PÉPA.

HERMINE.

Ah! Courez seule, ma chère.

PÉPA.

Vous ne voulez pas?...

HERMINE.

Toucher aux choses du cœur! Ah! Dieu! J'ai trop souffert par là...

PÉPA.

Eh! bien, au fait, tant mieux! Moi seule, et c'est assez!

MADAME DE MOISAND.

Le ciel vous entende!

PÉPA.

Ah! seulement vous savez, ma chère dame, le piquet, le whist, le loto, il n'en faut plus! Il y a bien un lawn-tennis, chez vous?

MADAME DE MOISAND, ne comprenant pas.

Un len...

PÉPA.

Voyons, voyons... Une rivière? je me noie! Des chevaux? je m'emballe!... je me fais sauver la vie tout le temps! Il doit être romanesque cet homme-là!... Ah! et puis, attendez donc... dans le village... ces baraques... il y a donc une fête ici?

MADAME DE MOISAND.

C'est la fête, oui.

PÉPA.

Un bal?

MADAME DE MOISAND.

Champêtre...

PÉPA.

Mon rêve!... Nous irons ce soir... nous danserons...
il dansera! Si! si! avec moi! Oh! mais je vais le re-
mettre dans le mouvement, moi, ce Parisien! Vous allez
voir... C'est-à-dire que huit jours c'est trop... Je ne
vous demande que vingt-quatre heures... (Regardant au fond.)
Ah! nos bagages! la grosse artillerie! Non! ce que ça va
être drôle!... Eh bien, comment? Déjà finie la promenade?

MADAME DE MOISAND.

Finie?

HERMINE, regardant aussi au fond.

Oui, les voilà qui reviennent.

MADAME DE MOISAND.

Qui?

PÉPA.

Mais la Souris, M. de Simiers, tout le monde...

MADAME DE MOISAND.

Qu'est-ce qui est arrivé? Clotilde! quoi?

SCÈNE XIV

LES MÊMES, MARTHE, CLOTILDE, MAX.

MAX.

Rien! ce n'est rien!

MADAME DE MOISAND, à Clotilde.

Mais comme tu es pâle?

CLOTILDE

J'ai eu... peur.

HERMINE.

Un accident?

MAX, légèrement.

Un incident tout au plus... En passant le pont de bois,
la jument de mademoiselle Marthe lui est partie dans la
main...

HERMINE.

Emportée?

MAX.

Non, mais je l'ai cru, et pour l'arrêter, couper court,
j'ai lancé mon cheval dans le clos...

MADAME DE MOISAND.

Et la barrière?

CLOTILDE.

Fermée!

MADAME DE MOISAND.

Ah! mon Dieu!

MAX.

Moi, je ne savais pas, je suis arrivé dessus...

CLOTILDE.

A fond de train.

MADAME DE MOISAND.

Mais elle est énorme!

PÉPA.

Eh bien?

MAX, simplement.

Eh bien... j'ai sauté.

PÉPA.

Bravo! Très crâne!

MADAME DE MOISAND.

Mais c'était pour vous tuer!

MARTHE, à Clotilde.

Il monte si bien... Il n'y avait pas de danger pour lui.

CLOTILDE.

Ce n'est pas pour lui que j'ai eu peur, c'est pour toi.

MARTHE.

Pour moi? oh! mais la vieille jument...

CLOTILDE.

Tais-toi!

MARTHE.

Elle fait toujours cela, et jamais tu...

CLOTILDE, lui coupant la parole.

Oui, enfin, c'est absurde ! c'est fou ! Mais j'ai eu peur pour toi, là, pour toi ! Va te défaire, va ! (Elle la renvoie du geste.)

MARTHE, avec regret.

Alors, il faut que j'ôte mon amazone?

CLOTILDE.

Ah ! oui, je t'en prie, assez de cheval pour aujourd'hui.

MARTHE.

Mais demain ?...

CLOTILDE, agacée.

Demain! un autre jour, plus tard, mais 'pas aujourd'hui ! (Avec impatience.) Oh ! fais-moi grâce, je t'en supplie, va, mais va donc !... je suis énervée...

Marthe sort.

MADAME DE MOISAND, bas à Pépa.

Vous qui vouliez du romanesque...

PÉPA, de même.

Oh ! la petite coquine, elle me l'a volé !

MADAME DE MOISAND, de même.

Quoi donc?

PÉPA, de même.

Le coup de l'emballement ! Je voulais le lui faire. Oh ! mais je lui en ferai d'autres. (Clotilde, très pâle, se laisse glisser sur un fauteuil.) Eh bien ? eh bien? (Elle va à elle.)

MAX, de même.

Clotilde!

MADAME DE MOISAND, de même.

Qu'est-ce que tu as?

CLOTILDE, faible.

Rien!... Je ne sais pas, je suis,... un peu étourdie...

HERMINE, lui offrant un flacon.

Mon flacon! tenez!

PÉPA, bas à madame de Moisand.

Eh bien? Est-ce assez clair?

CLOTILDE, repoussant le flacon.

Mais non... puisque ce n'est rien... un restant de peur, voilà tout...

MAX.

Mais, Clotilde, enfin...

CLOTILDE, voulant être gaie.

C'est la faute de Marthe... Ah! dame, vous avez douté de ses talents... Elle a voulu vous les montrer... et moi.. Voilà pourtant comme nous sommes en province... Mais c'est fini... (Elle se lève.) Vous voyez, c'est passé... Ne vous occupez plus de cela, je vous en prie! (Avec un rire un peu forcé.) Ah! cette Marthe!... (Entre Marthe.) Eh bien, comment? Te voilà encore, toi?

MARTHE, lui tendant un papier.

C'est une dépêche.

CLOTILDE.

Pour moi?

MARTHE.

De Paris.

CLOTILDE, prenant la dépêche et l'ouvrant, toujours
avec un entrain un peu forcé :

Ah! mais, mon Dieu, que d'événements! Un cheval
emporté, des visites, une dépêche!... En voilà plus en un
jour qu'en quinze mois! (Elle lit.) Ah!

MADAME DE MOISAND.

Mais quoi encore?

CLOTILDE.

Il faut que je parte!

MADAME DE MOISAND.

Tout de suite?

CLOTILDE.

Oui.

MADAME DE MOISAND.

C'est du notaire?

CLOTILDE.

Oui

MADAME DE MOISAND.

Mais qu'est-ce qu'il veut? (Elle étend la main.

CLOTILDE, gardant la dépêche.

Il ne me le dit pas.

MAX.

Oh! bien alors!...

CLOTILDE.

Si! si! il faut que je parte.

MAX, à Clotilde.

Et si je vous accompagnais?

CLOTILDE.

Vous? Mais non... mais... non, pourquoi?

MAX.

Pas même...

CLOTILDE.

Ah! au chemin de fer, soit... avec ces dames.

PÉPA.

Oui, c'est cela, nous verrons la fête.

MAX, à Clotilde.

Alors, vous ne voulez pas?...

CLOTILDE.

Oui, oui, c'est convenu, avec ces dames... Allez devant, Mesdames, je vous rejoins. (A Marthe.) Viens toi.

Elle regarde sa dépêche et la relit en s'en allant.

MARTHE, bas à Clotilde, en s'en allant avec elle.

Comme tu es émue! (Montrant la dépêche.) Qu'est-ce qu'il y a donc là dedans?

CLOTILDE.

Là dedans?... Ah! qui sait!... Ma vie peut-être! viens!

Elles sortent toutes deux.

MADAME DE MOISAND, bas, à Pépa et à Hermine.

Elles se rapprochent toutes trois avec mystère.

Elle part!

HERMINE, de même.

Elle ne part pas, elle se sauve.

PÉPA, montrant Max songeur.

Elle ne le retrouvera plus ici. Je m'en charge.

MADAME DE MOISAND.

Mais cela s'arrange à merveille! Ah! mes chères
dames, vous la sauverez! C'est M. le curé qui va être
content!... Je vais faire préparer vos chambres.

HERMINE.

Bien isolée, la mienne, n'est-ce pas, chère Madame?...
bien loin du bruit... Je dors si mal... Que j'aie le
calme au moins, à défaut du sommeil.

MADAME DE MOISAND.

Soyez tranquille.

Elle sort à droite.

HERMINE.

Allons, Monsieur de Sim...

Elle s'avance vers Max pour lui prendre le bras.

PÉPA, passant devant elle et bas.

Ah! mais non, alors, ma chère. Puisque vous ne vous
en mêlez pas! A moi la pose!

Elle prend le bras de Simiers. — Sortie.

ACTE DEUXIÈME

Même décor.

———

SCÈNE PREMIÈRE

MARTHE seule, puis MAX et PÉPA, puis HERMINE.

Au moment où le rideau se lève, Marthe assise face aux spectateurs, dans l'angle de droite, dessine sur son album avec une grande attention. Au bout d'un certain temps, on entend un bruit de voix et de rires ; elle cache précipitamment son album dans sa poche, se lève, prend vite un livre, au hasard, sur la table et se rassied paraissant plongée dans sa lecture. — Max et Pépa entrent bruyamment et sans voir Marthe.

PÉPA, à Max.

Oh ! non, trop tôt ! Pourquoi ? C'était si amusant cette fête champêtre. La somnambule allait nous dire la bonne aventure ! Et la belle Eulalie donc ! Deux cents kilos ! Et on tâtait les jambes ! Ah ! vous n'êtes pas curieux !

MAX.

Madame de Sagancey était fatiguée.

PÉPA.

Hermine ? Elle l'est toujours ! C'est la femme brisée, vous savez bien !

HERMINE, entrant, et sèchement.

Tout le monde n'a pas votre santé, ma chère.

PÉPA.

Tant pis pour tout le monde, ma chère.

MAX, à part.

Qu'est-ce qu'elles ont donc ! (Il dépose son chapeau, sa canne et son mouchoir sur la table.)

HERMINE.

D'ailleurs, depuis huit jours que la comtesse est partie, chaque jour vous nous menez dans cette cohue... et moi, les phénomènes, les monstres, sans compter les paysans... Je ne peux plus les voir et encore moins les sentir... Pouah !... (Elle s'assied à gauche.) C'est horrible, vous ne trouvez pas, monsieur de Simiers ?

MAX.

Mon Dieu !... (Il fouille dans ses poches et en tire différents objets qu'il met sur la table.)

PÉPA, toujours sèchement.

Vous êtes trop délicate, ma chère !

HERMINE, de même.

C'est pour celles qui ne le sont pas assez, ma chère ! (A Max.) Monsieur de Simiers ?

MAX, à Hermine.

Madame ?...

PÉPA, à Max qui vide ses poches.

Monsieur de Simiers ?

MAX.

Mademoiselle?...

PÉPA.

Qu'est-ce que c'est que tout ça ?

MAX.

Ce sont les lots que j'ai gagnés.

PÉPA.

Oh ! une tombola ! faisons une tombola, voulez-vous ?

MAX, à Pépa.

Si vous voulez ! je suis...

HERMINE, à Max.

Dites-moi, monsieur de Simiers ?...

MAX.

Madame ?...

PÉPA, à Max.

Ah ! Monsieur de Simiers, au fait, nous nous baignons !
C'est aujourd'hui que vous me donnez ma première leçon
de natation, vous n'avez pas oublié !

MAX.

Oublier cela ! Ah ! mais non !

HERMINE, à Pépa.

Vous feriez peut-être bien d'attendre, Pépa, à cause de
votre déjeuner ?

PÉPA.

Oui, Hermine, oui, vous ne mangez pas, vous ne dor-
mez pas, vous êtes un pur esprit, c'est connu.

HERMINE.

Ne vous fâchez pas, ma chère; ce que j'en dis, moi, c'est dans votre intérêt !

PÉPA.

Bien bonne !

HERMINE.

Et en attendant le bain, M. de Simiers pourrait nous lire quelque chose.

MAX.

A vos ordres.

PÉPA, à Hermine.

Ah ! de la poésie !... Encore !... comme hier soir... Ah ! non ! pas en plein jour, voyons ! Un tennis, plutôt, là, sur la terrasse ?

MAX.

Soit ! allons !

HERMINE.

Mais, Pépa, enfin, laissez donc M. de Simiers respirer un peu !... Vous êtes tourmentée par un besoin de mouvement... comme toutes les personnes fortes, du reste...

PÉPA, bondissant.

Fortes ! Comment fortes ! soixante de tour de taille ! pas plus que vous, ma chère !

HERMINE, protestant.

Oh !

PÉPA.

Oh ! comment oh ! Je le sais bien, nous avons la même couturière.

HERMINE.

Mais pas la même taille !

PÉPA.

Pas la même !... (A Max.) Mesurez-nous.

MAX.

Je crois bien !

PÉPA, cherchant autour d'elle.

Un mètre ? un ruban ? une ficelle, n'importe quoi ? (Apercevant Marthe.) Ah ! la Souris !... dans les coins, toujours ! Elle doit avoir cela, elle. (Elle a été à elle, voit le livre que tient Marthe, et le lui enlevant.) Hein ! Qu'est-ce que je vois ? Mon roman ? Elle lit mon... Voulez-vous bien ?

MAX.

Un roman ?

PÉPA, bas à Max.

A moi, oui... le dernier de chose... vous savez... une horreur !

SCÈNE II

LES MÊMES, MADAME DE MOISAND,
un paquet de lettres et de journaux à la main.

MADAME DE MOISAND.

Voici les lettres !

MAX, à Marthe.

Eh ! bien, mademoiselle Souris, est-ce que les petites filles lisent ces choses-là ?

MADAME DE MOISAND, s'avançant.

Qu'est-ce que c'est encore?

MARTHE, bas à Max.

Ah! Monsieur, vous allez me faire gronder.

MADAME DE MOISAND.

Quoi donc? Qu'est-ce qu'il y a?

MAX, légèrement.

Oh! une plaisanterie... (Madame de Moisand lui remet une lettre.) Merci, Madame!

PÉPA, regardant le livre repris à Marthe.

Elle le lisait à l'envers, je lui pardonne. (Bas, à madame de Moisand.) Et rien de Clotilde, toujours?

MADAME DE MOISAND, de même.

Toujours rien!... C'est extraordinaire. (Lui remettant un paquet volumineux de lettres, et montrant Max.) Chut!... Voici pour vous.

MAX.

Que de lettres!

PÉPA.

De mes amoureux! Traitement par correspondance... (Madame de Moisand remet une lettre à Hermine et une à Marthe.) Et cette pauvre Hermine qui n'en a qu'une, comme la Souris!... D'une petite amie du couvent aussi, sans doute!

HERMINE.

Non, ma chère, d'un autre ami, du colonel... des vers charmants.

PÉPA.

Oh! voyons cela!

MADAME DE MOISAND.

Oui, oui, lisez! lisez!

HERMINE, à Max qui n'a rien dit.

Vous le voulez, M. de Simiers?

MAX, poliment.

Si ça n'est pas indiscret...

HERMINE, lui souriant.

Je vous obéis.

Elle lit.

A madame la baronne Hermine de Sagancey.

Moi, j'ai toujours aimé les étoiles : enfant,
J'en aimais une au ciel; c'était Mars triomphant.
Soldat, j'en convoitais une autre, mais sur terre :
L'étoile de l'honneur, cet astre militaire !
Aujourd'hui comme alors j'en aime une, et c'est vous.
Étoile de ma vie, adorée à genoux !

MAX et MADAME DE MOISAND.

Très jolis! charmants!

PÉPA, dédaigneusement.

Peuh! des vers de colonel, ma chère !

HERMINE, piquée, désignant les lettres
que Pépa tient à la main.

Cela vaut bien vos notes de fournisseurs, ma chère...

PÉPA, bondissant.

Des notes!... (Les tendant à Max.) M. de Simiers, lisez-les !

MAX, les refusant.

Moi!... oh!...

PÉPA, désignant la lettre qu'il tient à la main.

Oui, vous avez mieux, il paraît; c'est de la dame en blanc ça, hein?

HERMINE.

Oh! mais, Pépa, vous êtes d'une indiscrétion!...

MAX.

Du tout! Ah! Dieu! si la dame en blanc ne pense pas plus à moi que je ne pense à elle...

HERMINE.

Oh! M. de Simiers, ne reniez pas vos dieux!

PÉPA.

Vous l'avez aimée, voyons, c'est connu... Seulement, pourquoi? Ah! ça!... pas pour sa beauté toujours, ni pour son esprit... Pour son costume peut-être?

MAX.

Peut-être!

PÉPA.

Tout blanc. Vous trouvez ça joli?

MAX.

Charmant!

PÉPA, à part.

Bon à savoir.

HERMINE.

Et cela sied si bien...

PÉPA, agressivement, à Hermine.

Quand on est jeune!

HERMINE, ripostant.

Et mince !

PÉPA.

Mince ! — Ah ! au fait, nous n'avons pas réglé notre compte, nous deux... Madame de Moisand, vous n'avez pas un cordon, quelque chose ?...

HERMINE.

Encore !

PÉPA.

Soixante ! Oh ! je ne vous en tiens pas quitte ! Eh bien, Madame ?

MADAME DE MOISAND, cherchant.

Mais... c'est que... Non...

PÉPA.

Comment ! rien ! entre nous toutes, pas un... Ah !

Elle va à Marthe et lui détache sa ceinture.

MARTHE.

Ah ! mais... Mademoiselle !... ma ceinture !...

PÉPA.

Laissez donc ! Deux minutes !... Je vous la rends ! (Elle va pour l'essayer et, voyant que les deux bouts ne se rejoignent pas.) Ah ! ah !

HERMINE.

Un peu courte pour vous, ma chère.

PÉPA, la lui passant autour de la taille.

Pour moi ! pour moi ! Pour vous aussi, ma chère. On n'a pas une taille comme ça, non plus !

MAX, souriant.

Mesure d'enfant, second âge!

PÉPA, à Max, tout en rendant sa ceinture à Marthe.

Êtes-vous mauvais!.. Ah! son ruban!...

Elle lui ôte son ruban des cheveux.

MARTHE, se défendant.

Mademoiselle! je vous en prie, vous allez me défaire!...

PÉPA, continuant.

Laissez donc! laissez donc! n'ayez pas peur! (Les cheveux se déroulent sur les épaules de Marthe.) Allons, bon! Patatras!

MADAME DE MOISAND.

Marthe! Eh bien! c'est indécent!

MARTHE, essayant de rattacher ses cheveux.

Mais, Madame, ce n'est pas ma faute.

PÉPA.

Miséricorde! quelle cascade! Monsieur de Simiers, ne
regardez pas!

MAX.

Superbe! Tout à fait une enseigne d'eau pour les cheveux.

Marthe sort vivement.

PÉPA.

Pauvre Souris!... Ah! vous n'êtes pas galant! (Lui ten-
tant le ruban de cheveux.) Ah! voilà le moment! Soixante! vous
savez, Hermine?

HERMINE.

Bien serrée, alors?

PÉPA, furieuse.

Serrée, moi ! (Elle soulève le bout du busc de son corset.) Tenez !
(A Max.) Mesurez !

HERMINE.

Oh ! inutile, j'aime mieux vous donner gagné.

PÉPA.

Ah ! elle renonce, vous êtes témoin ! Elle a perdu !

MAX.

C'est moi qui y ai perdu.

PÉPA.

Vous vous rattraperez au tennis, vous ! Allez chercher les raquettes !

MAX.

J'y vais.

HERMINE.

Monsieur de Simiers, vous me rapporterez mon éventail, n'est-ce pas ?

MAX.

Volontiers.

MADAME DE MOISAND.

Ramenez la Souris, monsieur de Simiers, elle marquera
les points.

PÉPA.

Je vous attends, monsieur de Simiers !

HERMINE.

N'oubliez pas mon éventail, monsieur de Simiers !

MAX, à part, en sortant.

Mais qu'est-ce qu'elles ont donc ?

SCÈNE III

HERMINE, PÉPA, MADAME DE MOISAND.

PÉPA, à Hermine.

Ah ça, ma chère, entendons-nous : vous en mêlez-vous, oui ou non ?

HERMINE.

Moi ?... je m'en mêle ?...

PÉPA, animée.

Oh ! mêlez-vous en, ou ne vous en mêlez pas ; mais, si vous vous en mêlez, dites-le ! Et ne dites pas que vous ne vous en mêlez pas quand vous vous en mêlez !

HERMINE.

Je ne comprends pas !

PÉPA.

Allons donc ! monsieur de Simiers par ici, monsieur de Simiers par là ! Donnez-moi le bras ! passez-moi ce coussin ! apportez-moi mon éventail ! Je ne vois pas votre manège peut-être ! Vous marchez dans mes plates-bandes, ma chère !

MADAME DE MOISAND, conciliante.

Mademoiselle, voyons !

HERMINE.

Vous avez tort de vous en prendre à moi de votre insuccés, ma chère.

MADAME DE MOISAND.

Voyons, Madame !

PÉPA.

De mon insuccès ?

HERMINE.

Ah ! il est froid ! Vous ne direz pas qu'il n'est pas froid ?

PÉPA, piquée.

Il est froid ?

HERMINE.

Il n'est pas froid ?... Madame de Moisand, est-il froid ?

MADAME DE MOISAND, timidement.

Un peu froid...

PÉPA.

Eh bien, s'il est froid, à qui la faute ?

MADAME DE MOISAND.

Mais à Clotilde, Mesdames. C'est parce qu'il aime Clotilde.

PÉPA.

Lui ! allons donc ! Depuis son départ elle n'a pas écrit une seule fois, et pas une seule fois il n'a demandé de ses nouvelles ! Non ! là, comme toujours, il n'y a que la femme de sincère ; lui, fait son métier d'homme... Oh ! les hommes ! Ah ! par exemple, si je mets la main sur celui-là, il en verra de grises, je vous en réponds !

HERMINE.

Prenez garde, ma chère !

PÉPA.

Oh ! moi, blindée, vous savez bien !

HERMINE.

C'est égal! M. de Simiers est dangereux!

PÉPA.

Dangereux! lui! Comment! voilà sept jours qu'il est seul, ici, avec trois femmes...

MADAME DE MOISAND, modestement.

Oh! mais moi, je ne compte pas!...

PÉPA, naïvement.

Je ne vous compte pas non plus... (Se reprenant.) Oh! pardon!...

MADAME DE MOISAND, l'excusant.

Oh!

PÉPA.

Non! je comptais Marthe qui en vaut bien une autre, après tout... trois femmes! et il ne fait la cour à aucune! Vous appelez cela dangereux!... Avec la Souris, il est si taquin qu'il est à peine convenable, et, avec nous, il est si convenable qu'il en est inconvenant! Non! c'est vrai, je ne comprends pas cet homme-là, moi! Est-il blasé, timide, quoi? Si rien ne le retient ici, qu'est-ce qu'il veut? qu'est-ce qu'il entend?

MADAME DE MOISAND.

Il attend Clotilde! Et elle va revenir, et cela va recommencer! Mademoiselle, encore un petit effort, ne vous découragez pas, je vous en supplie!

PÉPA.

Moi! ah! vous ne me connaissez guère... Non! non!...

pas lâcheuse, Pépa! Seulement, comme il faut que cela finisse, je passe aux grands moyens!

MADAME DE MOISAND, étonnée.

Plus grands?

PÉPA.

D'abord, pas plus tard que tout à l'heure, je m'habille tout en blanc; il aime cela, cet homme! C'est de son âge! Une fois en rosière, je le soumets à un de ces flirtages... je ne vous en dis pas plus... mais s'il lui reste encore quelque chose d'humain, il faudra bien qu'il se décide... Et puis, à l'heure du bain, oh! mais cela c'est le clou! et un clou! à l'heure du bain, en sautant dans le bateau, je fais un faux pas... je tombe dans l'eau... et je me noie!

MADAME DE MOISAND.

Comment?

PÉPA.

Noyée, je suis irrésistible! j'ai essayé! Je me noie, il me sauve; je m'évanouis, il me soigne, et, quand j'ai recouvré mes esprits, s'il n'a pas perdu les siens... c'est que je ne suis plus moi! Là-dessus, il me demande un rendez-vous. Je le lui accorde ce soir, et, demain, je l'enlève, train éclair deux heures quatre... voilà mon plan!... Et il ne sort pas de chez le notaire comme vous voyez!...

VOIX, dehors.

Mademoiselle Pépa!

PÉPA.

Le tennis! (S'adressant au dehors) J'y vais! j'y vais! (A Hermine et à madame de Moisand.) Seulement pas un mot! Et vous, Hermine, vous savez! mêlez-vous en ou ne vous en mêlez pas, mais si vous vous en mêlez, dites-le! (Elle se dirige vers le fond.)

MARTHE, à Pépa, lui tendant la raquette.

Mademoiselle !

PÉPA.

Voilà ! voilà ! (S'adressant au dehors.) En quinze points, une discrétion. (Se retournant vers Hermine.) Dites-le ! (S'élançant dehors en prenant la raquette des mains de Marthe.) À vous, commencez !

SCÈNE IV

HERMINE, MADAME DE MOISAND et par moments PÉPA, qu'on voit passer et courir, se rapprocher de la scène ou s'en éloigner selon les hasards du jeu, et parfois rentrer pour une réplique rapide entre deux coups de raquette.

HERMINE.

Mais qu'est-ce qu'elle a ? Mais elle est folle, mais je ne m'en mêle pas !... Voyons, Madame, est-ce que j'ai l'air de m'en mêler ?

MADAME DE MOISAND.

Vous ? Oh ! par exemple. (A part.) M. le curé m'a dit : « Puisque l'une ne réussit pas, laissez faire l'autre. » Moi, je laisse faire l'autre... (Haut.) Par exemple ! Seulement vous ne pouvez pas empêcher ce monsieur de vous trouver aimable, n'est-ce pas ?

HERMINE.

Mais ne croyez donc pas cela ! Si elle n'arrive pas, c'est sa faute. Il est impossible d'être plus maladroite.

6

PÉPA, du fond.

Merci, ma chère !

HERMINE, de loin à Pépa.

Ah ! je le dis comme je le pense, ma chère. (A madame
de Moisand.) Ce n'est pas avec ces extravagances qu'elle lui
fera oublier Clotilde. Car enfin, dans toute cela, il ne
s'agit que de Clotilde Je ne vois que cette pauvre
Clotilde !

PÉPA, du fond.

Eh bien ! et moi, donc ?

HERMINE, à madame de Moisand.

Non, elle le prend tout à fait au rebours, elle l'étour-
dit, elle le surmène. M. de Simiers n'est plus un lycéen
pour qui la turbulence ait des charmes et l'inconvenance
des séductions... C'est un homme délicat, distingué, un
peu sur ses fins... Il est dans la galanterie assise, enfin !
Il a plutôt des besoins de cœur. Il cherche, je dirai,
à appareiller son âme. Les hommes très aimés sont
comme les femmes très coquettes : elles tournent à la
dévotion, ils tournent au sentiment... C'est par le sentiment qu'il fallait le prendre... (Souriant dédaigneusement.)
Il est vrai que le sentiment et Pépa...

PÉPA, du fond.

Allez, allez ! cassez votre petit sucre !...

HERMINE.

Et le langage ! et les allures ! Elle n'a rien... mon
Dieu !... elle peut plaire... mais elle n'est pas de celles
que l'on aime.

PÉPA, du fond.

Pas de celles ?... Comment ? comment ?

MARTHE, à Pépa, du fond.

Mademoiselle ! à vous !

HERMINE, à madame de Moisand.

Voyons ! chère Madame, entre nous, croyez-vous que Pépa soit de celles...

PÉPA, toujours au fond.

Je ne suis pas de celles que l'on aime, mais je suis de celles que l'on préfère...

HERMINE.

Oh ! ceci...

PÉPA.

Et vous en savez quelque chose !

HERMINE.

Moi ?

PÉPA.

Dame ! Il me semble que votre petit d'Esmont m'a fait assez la cour, ma chère.

HERMINE.

Oh ! avec ma permission, ma chère !

PÉPA, en donnant un coup de raquette.

Et le grand Durummel ? Et d'Osborn ?

HERMINE.

Oh ! Dieu ! gardez-les !

PÉPA, s'avançant en scène.

Et votre colonel ?

HERMINE, suffoquée.

Le colonel?

PÉPA, descendant toujours.

Oui, que j'ai emmené.

HERMINE.

Oh! cela, par exemple!...

PÉPA, descendant de plus en plus.

Je n'ai pas emmené le colonel!...

MARTHE.

Mademoiselle! mais c'est à vous, Mademoiselle!

PÉPA, lui donnant sa raquette et redescendant tout à fait en scène.

Jouez pour moi! (A Hermine.) Je n'ai pas emmené...
(A Marthe qui court au jeu.) Un instant! (A Hermine.) Je n'ai pas
emmené le colonel!

HERMINE.

Vous?

PÉPA.

Moi!

HERMINE.

Où donc?

PÉPA.

A Florence.

HERMINE.

Quand donc?

PÉPA.

L'hiver dernier! quand il vous a dit qu'il allait lever
des plans dans le Midi... Vous vous rappelez? Eh bien,

c'était pour venir avec nous et par conséquent avec moi...
Il n'y avait que moi de femme... Ah! ah! il ne s'est pas
vanté de celle-là, hein?

HERMINE.

Je vous demande pardon, je le savais.

PÉPA.

Vous ne saviez rien du tout! Et je ne suis pas fâchée
de vous le dire! Non! non! voyez-vous, ma chère, vous
avez votre valeur, je ne dis pas, mais j'ai la mienne.
Vous êtes plus poétique que moi, c'est possible, mais j'ai
plus de montant que vous!

MADAME DE MOISAND.

Mesdames, je vous en prie!...

PÉPA.

Ah! Et puis, au fond, vous savez, M. de Simiers? Il m'est
bien égal, à moi, M. de Simiers!

HERMINE.

Et à moi donc!

PÉPA.

Ce que j'en fais, moi, c'est pour cette pauvre Clotilde!

HERMINE.

Et ce que j'en dis aussi, c'est pour cette pauvre Clotilde!

PÉPA.

Si vous voulez vous en mêler, mêlez-vous en, je ne
m'en mêle plus!

HERMINE.

Mais je ne veux pas m'en mêler, mais je ne demande
qu'à vous voir réussir!

PÉPA.

Eh bien, vous verrez!

HERMINE.

Je verrai !

PÉPA.

Nous verrons.

SCÈNE V

LES MÊMES, MARTHE, puis MAX.

MARTHE, entrant.

C'est fini !

PÉPA.

Déjà !

MARTHE.

Quinze points ! vous avez gagné, Mademoiselle !

PÉPA.

Ce n'est pas moi, c'est vous

MAX, entrant.

Perdu ! (A Pépa). Me voici à votre discrétion. Qu'ordon-
nez-vous ?

PÉPA.

Que le vaincu embrassera le vainqueur.

MAX, allant à elle.

Oh ! mais c'est à qui perd gagne, alors ?

PÉPA, se reculant.

Oh non ! pas moi ! la Souris ! c'est la Souris qui a
gagné. Embrassez-la !

MADAME DE MOISAND.

Mademoiselle!

MAX, à madame de Moisand.

N'ayez pas peur, Madame. Je lui fais grâce... Épargnons les enfants. (A Pépa.) Seulement je demande ma revanche aux mêmes conditions. Mais vous jouerez cette fois.

PÉPA.

C'est dit! Après le bain... Je vais m'habiller... (Bas à madame de Moisand.) en blanc... (Haut à Hermine, qui cause avec Max.) Venez-vous, Hermine?... Allons, Hermine!.. (Passant devant la table où sont les lots gagnés par Max.) Mais, au fait, et notre tombola? Monsieur de Simiers, la tombola?

MAX.

Oh! les lots n'en valent pas la peine. Laissez-moi vous les distribuer... (Offrant des fleurs artificielles à madame de Moisand.) Madame!..

MADAME DE MOISAND.

Des fleurs!.. à moi!.. Oh! monsieur le marquis!...

PÉPA, à part.

Artificielles!

MAX, à Pépa, lui offrant une carte de macarons.

Mademoiselle Pépa!...

HERMINE, riant à part.

De la nourriture!

PÉPA, les croquant.

Ils sont bons!

MAX, à Hermine, lui offrant un chien de carton.

Madame!...

PÉPA, riant à part.

Un toutou !... Pauvre baby !

HERMINE, le montrant à Pépa.

Le dévouement, ma chère !

PÉPA, ripostant.

Ou la rage !

Elles sortent.

SCÈNE VI

MARTHE, MAX.

MAX, prenant une poupée sur la table.

Et ne croyez pas que je vous ai oubliée, mademoiselle
Souris. (Lui offrant la poupée.) Tenez ! voici qui vous revient
de droit... Elle parle... vous savez ? (Il presse le ventre de la
poupée.) Couic ! Couic ! (La lui mettant dans la main.) Prenez
donc ! Elle n'est pas jolie ?

MARTHE, baissant la tête.

Oh ! Monsieur !

Elle laisse tomber la poupée.

MAX.

Eh bien ! eh bien ! (Il la ramasse.) Ah ! mais il ne faut pas
casser ses joujoux... Vilain cela, mademoiselle Souris !

MARTHE, relevant brusquement la tête, le regardant en face,
très émue et résolument.

Je m'appelle... Marthe de Moisand, Monsieur !

MAX, surpris.

Mademoiselle!... (Après un silence, pendant lequel il la regarde sans qu'elle baisse les yeux, s'inclinant légèrement, mais avec respect.) Pardon, Mademoiselle!

Marthe sort.

SCÈNE VII

MAX, puis HERMINE.

MAX, se remettant, mais très étonné.

Tiens! tiens! Voyez-vous cette Souris? Je m'appelle Marthe de Moisand, Monsieur! Elle a bien dit cela! (Riant.) Ah! ah! ah! Elle était furieuse!... Non! ce qu'elle doit me détester... C'est vrai, je la taquine... pourquoi?... Mais, c'est si amusant, ces petites filles, ça rougit... ça pâlit... on voit l'âme au travers!... (Hermine entre par la porte à gauche, il l'aperçoit.) Hum!... moins naïve, celle-ci!

HERMINE, mystérieusement.

Pépa n'est pas là?

MAX.

Mademoiselle Rimbaut? Mais vous venez de sortir avec elle!...

HERMINE.

Vous ne l'attendez pas?

MAX.

Moi?

HERMINE.

Bien vrai?

MAX.

Bien vrai!

HERMINE, descendant en scène.

Alors, j'entre.

MAX, à part.

Qu'est-ce qu'elle veut?

HERMINE, s'installant.

C'est une excellente personne... excellente! Mais d'une intensité de vie tellement au-dessus de mes pauvres forces que j'ai besoin de me reposer de temps à autre... Vous ne l'attendez pas? bien sûr? Je ne suis pas indiscrète?

MAX.

Mais, en quoi?

HERMINE.

Oh! monsieur de Simiers, voyons!... Elle vous fait la cour, c'est visible... Et vous ne vous en apercevez même pas? Ah! cela, c'est trop. Pépa n'est pas insignifiante... à ce point-là, voyons...

MAX.

Mon Dieu, à ce point-là! (A part.) Elle la traite bien, son amie! (Haut.) Ça dépend à quel point.

HERMINE.

Mais que vous êtes donc difficile, monsieur de Simiers... Avez-vous été assez gâté par les femmes!... Voyons, elle a de la séduction, vous ne pouvez pas le nier... d'abord l'esprit... Ah! vous ne direz pas qu'elle n'a pas d'esprit?

MAX.

Un certain esprit.

HERMINE.

Oh! je ne vous parle pas de la qualité, qui est un peu vulgaire; mais ça, c'est l'atavisme.

MAX.

L'atavisme?

HERMINE.

Oui,... son père, vous savez bien, l'artiste, le beau sculpteur... Eh bien, Pépa tient de son père.

MAX, souriant.

Pour l'esprit seulement?

HERMINE.

Oh! monsieur de Simiers! Ah! non! là, vous devenez injuste... Elle est jolie : vous ne la trouvez pas jolie?

MAX.

Oh!... jolie!... jolie!...

HERMINE.

Eh bien, non, pas jolie si vous voulez. Mais belle... Si! si! ah! pour belle, par exemple, si!... Avec plus de taille, elle serait belle... La taille manque... ça c'est vrai, un peu ronde, un peu... belle écaillère, là, entre nous... D'autant qu'elle croit dissimuler cela en se serrant, et elle a tort... Cet embonpoint, n'est-ce pas? On a beau le déplacer, il faut bien qu'il se place quelque part et qu'on le voie quand même! comme l'enseigne, vous savez, sur ces voitures... « Je suis capitonnée. »

MAX, à part.

Mais elle va très bien! (Haut et en confidence.) Alors, elle se serre beaucoup, hein?

HERMINE.

A s'en faire mal... figurez-vous... l'auvre femme! (Riant).
Je me souviens qu'un jour... non, je ne peux pas dire
cela... Ça ne serait pas... non!

MAX.

Si! si! Dites-donc! dites!

HERMINE.

Non. Il y a le secret professionnel.

MAX.

Je vous en prie... Un jour?...

HERMINE.

Oh! après tout... ça n'est pas bien méchant... Un jour
nous étions chez notre couturière. — C'est la même, vous
savez... Pépa allait essayer je ne sais quelle robe de bal,
et, pour cela, elle avait ôté la sienne et on la relaçait... (Elle
sourit.) Il y avait là deux pauvres demoiselles attachées à
cette besogne... Ce n'était pas trop... Moi, j'étais derrière
elle pendant cette opération, et je voyais... (Riant.) Ah! ah!...
Non! non!... décidément c'est mal de raconter cela. Non,
je ne veux pas!

MAX, pressant.

Ah! trop tard! Qu'est-ce que vous voyiez?... Il faut
parler! Il faut! il faut!

HERMINE.

Mais vous êtes un tyran! Ah! je plains les pauvres
femmes!...

MAX.

Vous voyiez?... qu'est-ce que vous voyiez?

HERMINE, mimant ce qu'elle dit.

Eh! bien, à mesure qu'on la serrait davantage et que le lacet montait d'un cran, je voyais peu à peu les épaules de Pépa monter en même temps que le lacet, et ses bras se soulever par petites secousses et s'écarter de son buste, comme deux anses... C'était risible, et c'était triste!... Au dernier œillet, elle était comme ça... (Riant.) Ah! ah! ah! (Elle s'arrête et boudeuse.) Ah! non! Ah! bien non! c'est horrible de me faire dire ces choses! Vous êtes un vilain homme!

MAX, riant.

Ah! ah! ah!

HERMINE, sérieuse.

Hélas! j'ai l'air de me moquer d'elle, n'est ce pas? Eh bien, au fond, je l'envie... Oui, moi si absurdement femme, moi, l'éternelle blessée dont parle Michelet, avec ma sensibilité ridicule et maladive, que tout ébranle, énerve, irrite, moi, qui ne vis que par le chloral et la morphine, en attendant que j'en meure, je suis jalouse de cette santé débordante, de cet égoïsme exubérant, de cette fureur de sensations, de cette absence de sentiments et jusque de son sommeil, et presque de son appétit... Pauvre Pépa!... Ah! c'est égal!... Elle aura beau faire, tel que je vous devine, je doute qu'elle soit jamais votre idéal.

MAX, souriant.

Le fait est que, comme idéal, elle est un peu...

HERMINE, souriant aussi.

Potelée, n'est-ce pas? Oui. Oh! je vous connais bien, allez, monsieur de Simiers! Nous avons la même nature tous les deux, les mêmes aspirations, les mêmes répugnances, je le sens, je le vois! N'aimons-nous pas les mêmes poètes et ne vous ai-je pas surpris, hier, en fla-

grant délit de la même admiration que moi, devant le
même lever de lune?

MAX.

Hier?

HERMINE.

Hier au soir, oui, dans le petit bois, pendant que Pépa
était encore à table.

MAX.

Ah! oui! oui (A part.) Je fumais!

HERMINE.

C'était beau, n'est-ce pas? Nous y retournerons ce
soir, voulez-vous?

MAX.

Si je le veux! (A part.) Un rendez-vous?

HERMINE.

Je veux que nous soyons amis, monsieur Max. Le voulez-vous aussi?

MAX, à part.

Encore une amie!

HERMINE.

Vous êtes un peu réservé, un peu méfiant... Vous avez
été beaucoup aimé, par conséquent beaucoup trahi... Je
connais cela. Les délicats sont malheureux; ils n'osent
se livrer, ils ont peur de souffrir. C'est pourtant une si
grande joie de pouvoir ouvrir son cœur... Je suis une
bonne femme, vous verrez!... Alors, c'est dit, dans le bois
ce soir?

MAX.

Ce soir!

HERMINE.

Amis? (Elle lui tend la main.)

MAX, lui donnant la sienne.

Amis ! (Hermine frissonne.) Qu'est-ce que vous avez ?

HERMINE.

Toujours la même chose. A la moindre émotion, des palpitations affreuses !

MAX.

Vraiment ?

HERMINE, posant la main de Max sur son cœur.

Tenez ! (Pépa entre. Hermine repousse la main de Max et, bas.) A ce soir, n'est-ce pas ? (Elle sort sans regarder Pépa qui, sans parler, la suit ironiquement des yeux.)

MAX.

Mais c'est une déclaration ! (Apercevant Pépa.) L'autre !... Ah çà ! voyons !

SCÈNE VIII

MAX, PÉPA.

PÉPA, ironique à Max.

Vous n'êtes pas blessé ?

MAX.

Blessé ? Comment ? Par qui ?

PÉPA.

Mais par la femme brisée qui sort d'ici, donc ! La languissante Hermine... Oui, oui, faites le discret... Elle essayait sur vous ses philtres, avouez-le !

MAX, à part.

Elle aussi ! Cela recommence, alors !

PÉPA.

Mélancolie et chloral ! Poésie et morphine ! Je connais sa petite conférence, allez ! Et les insomnies ! et les nerfs ! et le cœur ! Ah ! le cœur ! Les gens qui souffrent ! Je suis angoissée ! je ne peux pas les voir ! j'aime mieux m'en aller ! Elle aime mieux s'en aller... Pauvre cœur ! Ah ! ah ! ah ! Et vous en étiez à l'auscultation, il paraît... Ne dites pas non, je l'ai vu !

MAX.

Pourquoi dirais-je non, mademoiselle Pépa? Tout cela ne sortait pas des bornes d'une honnête thérapeutique !

PÉPA.

Elle vous faisait le coup des palpitations, hein ? Sentez comme il bat !... Eh bien, vous l'avez senti... C'est facile... la cloison est mince...

MAX.

Oh ! mince...

PÉPA.

Ah ! pas un mot de plus, ou je fais des révélations ! Ah ! mais... nous avons la même couturière, vous savez !

MAX, à part.

Comme l'autre ! (Haut et confidentiellement.) Vous avez assisté à un essayage, je parie !

PÉPA.

Oui, il y a un an, elle était encore avec son mari, et à moins que la séparation lui ait bien profité !.., Quand je dis que j'y ai assisté... elle ne l'avait pas permis... par prudence... J'étais dans la pièce à côté, mais j'ai vu la robe... Oh! une robe d'un garni! mais d'un garni!... Une robe!... Enfin, vous savez, une robe mamilla, quoi!... sans compter le petit colloque avec la demoiselle première que j'entendais par la porte entr'ouverte : « Mais, Mademoiselle, je ne suis pas habillée... Tout cela est d'une indigence!... Garnissez! garnissez — mon Dieu! Madame la baronne, c'est que... je ne ne voudrais pas empâter les lignes... Les lignes de madame la baronne sont d'une telle distinction... J'ai peur... — N'ayez pas peur! Ganissez! garnissez! je vous dis!... Mon mari adore cela... » (Riant.) Ah! ah! ah!

MAX, riant.

Ah! ah! ah! (A part.) Elle va bien aussi!

PÉPA, riant.

Ah! ah! pauvre homme! C'était un rêveur! Vous êtes comme le mari, vous, il paraît? Ah! ah! ah! En tous cas, si vous ne reculez pas devant les dames d'un certain âge, épistolaires et raseuses, qui vous réveillent tous les matins dès l'aurore, avec des lettres de huit pages, débutant par : « Il est minuit, je suis seule, et je pense à vous. » et finissant par : « Mais je deviens folle! Adieu, ami! » vous y avez la main avec la dame Sagancey, vous pouvez l'aimer hardiment.

MAX.

Hélas! mademoiselle Pépa, je suis le monsieur d'un certain âge, moi aussi; je ne peux plus aimer hardiment.

PÉPA.

Modeste et prudent! Vous savez que vous m'intriguez tout à fait, monsieur de Simiers?

7

MAX.

Vraiment! Et pourquoi?

PÉPA.

Vous n'êtes pas du tout... oh! mais pas du tout ce que
je me figurais... Est-ce vrai, que vous êtes dangereux?

MAX.

Vous pouvez en juger.

PÉPA.

Non! mais enfin, quel homme êtes-vous, au fond?
Dites-moi cela, ou plutôt, non... c'est moi qui vais vous
le dire. Donnez-moi la main.

MAX.

Ma main?

PÉPA.

Oh! rien de l'auscultation, n'ayez pas peur!

MAX, piqué, lui donnant sa main.

Peur! Ah! je n'en suis pas encore là!

PÉPA, regardant sa main.

Tiens! tiens! Oh! mais je ne vous plains pas!

MAX.

Parce que?...

PÉPA.

Parce que... Vous voyez bien cette barre, là, dans le
petit creux?

MAX.

Oui, eh bien?

PÉPA, feignant de se troubler un peu.

Eh bien, ça, c'est une affection... c'est quelqu'un... une personne... qui... ne serait pas éloignée... (Résolument.) Enfin, vous n'êtes pas à plaindre, là !

MAX.

Une femme ?

PÉPA.

Oui.

MAX.

Jolie ?

PÉPA, modestement.

Oui.

MAX.

Jeune ?

PÉPA.

Oui !

MAX.

Du monde ?

PÉPA.

Naturellement ! Vous n'êtes pas pour cocotte, vous.

MAX.

Moi ? Pourquoi donc ?

PÉPA.

Aussi !... Oh ! vous allez me dire une chose... J'en meurs d'envie !

MAX.

Non ! d'abord, permettez ! cette femme ?...

PÉPA.

Comment leur faites-vous la cour ? Oh ! je voudrais tant savoir !...

MAX.

Mais cette femme? cette femme?

PÉPA.

Oh! c'est fini, ça! j'ai tout dit! Comment leur faites-vous
la cour, hein? Oh! je vous en prie... je vous en prie...

MAX.

Mais enfin, je ne peux pas comme ça...

PÉPA.

Que si! que si! Supposons que j'en sois une, là!
Qu'est-ce que vous me diriez? Voyons! Allez!...

MAX.

Ce que je?...

PÉPA.

Oui! oui!

MAX.

Oh! c'est bien simple... je vous dirais... (Il va pour lui
prendre la taille.) Veux-tu m'aimer?

PÉPA.

M. de Simiers! Eh bien! eh bien! (A part.) Il ira!

MAX.

Dame! Vous demandez?...

PÉPA.

Le texte, oui, mais pas la gravure! (A part.) Il ira très
bien!

MAX.

Mais enfin! cette femme, voyons?

PÉPA.

Non ! non ! non !

MAX.

Au moins est-elle ici, dites ?

PÉPA, lui riant au nez.

Devinez ! (Reprenant son sérieux et, à part, en s'en allant.) C'est tout ce que je peux faire en robe de couleur ; mais je vais me mettre en blanc, et nous allons voir. (A Max, en se retirant. Devinez !

SCÈNE IX

MAX, puis MARTHE.

MAX, seul.

Et de deux ! Ah ! parisiennes, coquettes, escrimeuses ! Elles se font la main. Elles tirent au mur... C'est égal, même quand elles vous trompent, c'est charmant, les femmes ! Bah ! ce ne sont pas des femmes, ces chattes toujours en quête de souris... (Apercevant Marthe qui entre, en cherchant quelque chose, à terre) Ah ! ah ! quand on parle de souris... « Je m'appelle Marthe de Moisand, Monsieur ! » Voyez-vous cette enfant ? C'est qu'elle a très bien dit cela ! Qu'est-ce qu'elle cherche ? (A Marthe qui est entrée.) Vous avez perdu quelque chose, mademoiselle Marthe de Moisand ? (Silence, à part.) Hum ! la poupée ne passe pas, il paraît. (Haut.) Et quelque chose de précieux, si j'en crois votre émotion ?... un chiffon, un bijou, quoi ? Ah ! votre album peut-être !

MARTHE, très émue, cherchant toujours.

Il sera tombé de ma poche, quand je jouais là, tout à l'heure.

MAX.

Comment, c'est lui ! l'invisible album, le tombeau des secrets ?... Oh ! oh !... je comprends votre inquiétude ! (A part.) Je suis sûr que ma caricature est dedans (haut.) Voulez-vous que je vous aide ?

MARTHE, précipitamment.

Non ! non ! non !

MAX, à part.

Elle y est ! (haut.) Vous refusez mes services ? vous boudez ? (Un peu ironique.) Pas joli, cela, mademoiselle Marthe... de Moisand... Remarquez que je ne dis plus Souris, je retire la Souris, je retire la poupée, je retire tout ! Pour peu que Marthe vous déplaise, je le retirerai aussi... Ma familiarité vous a choquée, vous me l'avez fait cruellement sentir, il suffit ; vous n'aurez plus à vous en plaindre. Dorénavant, je serai pour vous comme il convient d'être pour une personne de votre importance et de votre âge... (Pendant qu'il parle, Marthe baisse la tête et finit par s'asseoir, en pleurant, la tête dans ses mains.) Eh bien, comment ? Elle pleure ?... Souris !... Marthe ! Mademoiselle !... Qu'est-ce que vous avez ?

MARTHE, voulant s'en aller, et tournant la tête pour cacher ses larmes.

Rien ! Oh ! rien !

MAX, la retenant.

Mais enfin, pourquoi ?...

MARTHE, même jeu.

Non ! non ! Je vous en prie, laissez-moi !

MAX, même jeu en la faisant asseoir.

Mais si! mais si! je le veux, je veux absolument savoir... C'est la poupée, hein?... Voyons, c'était une plaisanterie, et pas bien méchante enfin, cela ne vaut pas... (Marthe sanglote.) Mais c'est qu'elle pleure réellement. Je suis désolé... Mademoiselle... Mais puisque je plaisantais... Voyons, voyons, mon enfant, faisons la paix, voulez-vous? Je ne sais vraiment que faire! Je... (Apercevant la poupée qui est restée sur la table, et, tout d'un coup, la lui donnant.) Tenez! reprenez-la!

MARTHE, le repoussant et douloureusement.

Ah! Monsieur!

MAX.

Non! non! C'est très sérieux, prenez! prenez! et quand je vous dirai désormais quelque chose qui vous déplaira... (Pressant le ventre de la poupée.) Couic! couic! Je saurai ce que cela signifie! (Il met la poupée sur la table sur laquelle Marthe est appuyée.) Je ne veux pourtant pas jouer les croquemitaines, non plus... (Nouvelle explosion de larmes de Marthe.) Encore!... Mais puisque je ne le ferai plus, là!...

MARTHE, essuyant ses yeux et se retournant vers Max, résolument.

Monsieur de Simiers, qu'est-ce que je vous ai fait? Qu'avez-vous contre moi?... Pourquoi me parlez-vous ainsi?

MAX.

Moi, Mademoiselle? Mais je vous parle comme tout le monde, il me semble!

MARTHE, douloureusement.

Comme tout le monde, oui.

MAX.

Eh bien, alors, qu'ai-je dit?

MARTHE, s'animant.

Vous? Mais pas un mot qui ne me blesse on ne m'humilie ! Et cela, à tout moment, à propos de tout. Si je monte à cheval, il faut prendre la longe; si je parle, je récite mes leçons, je suis une petite fille, j'ai une taille de second âge, des cheveux comme une enseigne; vous m'appelez d'un surnom...

MAX.

Puisque je l'ai retiré !

MARTHE.

Vous me donnez des joujoux.

MAX.

Je les retire aussi !

MARTHE.

Vous me poursuivez, vous me tourmentez, vous me haïssez !

MAX, protestant.

Oh !

MARTHE.

Si ! si ! Je vous suis insupportable, comme à tout le monde, d'ailleurs ! Mais vous n'aurez plus lontemps à me supporter, ni vous ni les autres : aussitôt Clotilde revenue, je rentre au couvent.

MAX.

Comment !

MARTHE.

J'avancerai mon noviciat, voilà tout.

MAX.

Votre ?...

MARTHE.

Oh ! je le sais bien, allez, que je n'ai ni importance ni
âge pour personne, que je suis un être sans conséquence,
une Cendrillon...

MAX, plus sérieux.

Oh ! Mademoiselle, pour une plaisanterie d'un goût
médiocre, j'en conviens, je ne comprends vraiment pas...

MARTHE.

Vous ne comprenez pas, monsieur Max ? vous ne comprenez pas que, dans cette maison, je n'ai pas ma place,
que, sans Clotilde qui m'y a rappelée, je n'y serais pas même
tolérée, que je ne compte pas, que je n'existe pas, que
je suis une étrangère pour cette mère qui n'est pas la
mienne et dont je ne suis pas aimée. que je le sais, que
je le sens, si petite fille que je sois ! Oh ! ne pas se sentir
aimée, c'est déjà si dur ! Et se voir tourmentée avec cela,
raillée. dédaignée, cela me fait tant de chagrin, c'est si
méchant !... Tout ce qui serait indifférent, dans une autre
situation, est si cruel dans la mienne, offensant même...
Que tout le monde ne comprenne pas cela, c'est possible,
mais vous, vous ! Oh ! c'est mal, que c'est mal !

Elle pleure, la tête cachée dans une main, accoudée à la table.

MAX, sérieux.

Vous avez raison, Mademoiselle, ce n'est pas bien,
je le comprends maintenant, et je n'ai que cette pi-
toyable excuse de ne pas l'avoir compris plus tôt. Je
croyais jouer avec votre amour-propre, et c'était votre
cœur que je blessais. Ce n'était ni généreux, ni intelli-
gent. Mais vous ne croyez pas que c'était volontaire au
moins... dites !... oh ! vous ne le croyez pas ?

MARTHE, toujours pleurant, la figure cachée.

Non. monsieur Max.

MAX.

Je vous ai vue si jeune... Il me semblait toujours que... enfin, l'enfant me cachait la femme... Vous comprenez?...

MARTHE, de même.

Oui, monsieur Max!

MAX.

Mais je m'en repens, vous voyez, et sincèrement, je vous jure... Vous ne m'en voulez plus?

MARTHE, de même.

Non, monsieur Max !

MAX.

Eh bien, alors, ne me punissez pas trop sévèrement de mon étourderie... Ne pleurez plus, je vous en prie, ne pleurez plus!... et regardez-moi, que je lise mon pardon sur votre doux visage et dans ces grands yeux rassérénés... Allons! allons! un peu de clémence, voyons, petite Souris ?...

MARTHE, pressant la poupée de sa main libre sans tourner la tête.

Couic! couic !

MAX.

Oh!... Mademoiselle, c'est vrai! pardon! mademoiselle Marthe !... Eh bien, voyez-vous que c'est involontaire, et que vous auriez tort de m'en vouloir.

MARTHE, tournant sa figure vers lui, lentement.

Alors, vous ne me haïssez pas?...

MAX.

Moi? oh! Dieu! C'est plutôt vous qui devez me détester.

MARTHE.

Vous ne me trouvez pas ridicule, susceptible?

MAX.

Comment !

MARTHE.

Mais de vous reprocher... de me plaindre... Vous n'êtes pas fâché?...

MAX.

Mais non, mais non !... Qu'elle est donc craintive ! (A part.) Il y a de l'enfant, il y a de la femme... c'est un mélange... c'est très curieux !

MARTHE.

Je ne sais pas comment j'ai osé vous dire tout cela, mais j'avais le cœur si gros, c'était plus fort que moi, voyez-vous?

MAX.

Et je vous en sais gré, au contraire. Non, c'est vrai, je ne sais pas où j'avais la tête... une grande jeune fille de dix-huit ans !

MARTHE.

Dix-neuf!

MAX.

Dix-neuf? Tiens! je croyais... Je n'en étais que plus coupable alors!... Enfin, oublions cela, c'est passé. Donnons-nous la main... Vous ne voulez pas me donner la main?... (Il lui prend la main.) Comme elle tremble? Ah! ça, mais je vous fais donc peur?

MARTHE, timidement.

Oh! oui!

MAX.

Mais je ne veux pas de cela! Je veux que nous soyons

amis! (A part). Une de plus! ma spécialité! toujours! (Haut, souriant.) Et en attendant, puisque nous sommes réconciliés, ne parlons plus de cette vilaine histoire, et surtout, plus de couvent!... Ah! vous ne rentrez plus au couvent, c'est convenu?...

MARTHE.

Il le faudra bien, monsieur Max; où voulez-vous que j'aille?

MAX.

Comment!

MARTHE, tristement.

On m'aime, là!

MAX.

Mais ici, aussi, on vous aime. Je n'ose pas parler de moi, dont l'amitié est peut-être un peu récente; mais Clotilde...

MARTHE.

Oh! Clotilde!... Clotilde deviendra veuve, elle se mariera, et moi...

MAX.

Eh bien, vous aussi!...

MARTHE, tristement.

Moi?... Oh! jamais!

MAX.

Allons donc! comme si vous pouviez renoncer à la vie avant de la connaître, et quand vous avez toutes les chances d'y être heureuse.

MARTHE.

Non, je ne suis pas faite pour être heureuse, moi!

MAX.

Qu'en savez-vous?

MARTHE, comme pensant tout haut.

Oh! je la connais, ma vie, allez!... Et depuis longtemps, depuis le jour où ma mère est morte... J'étais
bien enfant, monsieur Max, mais je me souviens d'une
chose... Les mourants connaissent l'avenir, vous savez...
On m'avait assise sur son lit, tout près d'elle... Je la vois
encore... Elle était pâle... oh! pâle, et elle me regardait
avec ses grands yeux déjà éteints, mais si tendres...
Elle avait posé sa main sur ma tête et caressait mes
cheveux d'un mouvement presque machinal, lent, doux,
toujours le même... Elle ne me parlait pas, mais ses
yeux ne me quittaient pas, et je l'entendais se répéter
tout bas, à elle-même, de sa voix faible qui semblait loin,
loin... toujours plus loin : « Pauvre petite! pauvre petite!
pauvre petite! » Et puis, à un moment, je n'ai plus entendu
cela que comme un souffle, sa main est retombée sur le
drap... et on m'a emmenée... « Pauvre petite! » C'est sa
dernière parole, monsieur Max, et je me la suis rappelée
souvent depuis, allez! Mon père a épousé ma belle-mère
presque tout de suite. On m'a mise au couvent; c'est là
que j'ai senti combien j'étais seule. Clotilde venait bien
me voir de temps en temps, mais si rarement... Elle
n'était pas libre alors, elle avait des devoirs... des affections... Eh bien, plus tard, ce sera la même chose, et le
aura d'autres devoirs, d'autres affections... Non, il vaut
mieux que je rentre au couvent, allez!

MAX, à lui-même.

Pauvre petite !

MARTHE.

Vous voyez !

MAX.

Mais non ! mais non ! je ne vois pas ! je ne vois pas de
raison pour... Un couvent ! Pensez donc !.. Mais c'est
affreux !... Je n'ai été que deux fois dans le vôtre...

MARTHE.

Trois !...

MAX.

Trois, oui ; mais ces murs, ces grilles, rentrer là-
dedans... Brrr !... Et pourquoi ? Pour des préventions,
des idées vagues... Vous ne savez rien de la vie, enfin !...

MARTHE.

De ce qu'on en voit, monsieur Max ; mais de ce qu'on
en devine... oh ! si, allez !...

MAX, à part.

Tenez, la femme maintenant ! Voyez-vous la femme ?
(Haut.) Mais ce n'est pas possible ! Religieuse ! pourquoi ?
Enfin, pourquoi ? Avouez que le costume est joli !...

MARTHE, d'un ton de reproche.

Oh ! monsieur Max !

MAX.

Eh bien, alors, pourquoi ?... Il doit y avoir autre
chose... Ah ! vous rougissez ! (A part.) Un petit roman, peut-
être ? (Haut.) Il y a autre chose, hein ?

MARTHE, troublée.

Non, non,... mais c'est que...

MAX.

Ah ! voyez-vous qu'il y a autre chose !... (A part et en souriant.) Très amusant ! (A part.) Quoi ! voyons ?

MARTHE, embarrassée.

C'est que, monsieur Max... nous avons fait un vœu.

MAX.

Vous? Qui, vous?

MARTHE.

Moi, et deux de mes amies de couvent : Cécile d'Évry
et Régina de Monterey.

MAX.

Régina! attendez donc... une grande personne brune,
très jolie, qui était au parloir la dernière fois que je suis
venu vous voir?

MARTHE.

Oh! la dernière... toutes les fois! Et d'autres aussi y
venaient quand vous veniez. Ces demoiselles vous con-
naissaient bien, allez!...

MAX.

Moi?... Comment?

MARTHE.

Par leurs parents... celles qui sortaient, et puis, elles
apportaient les journaux qui parlaient de vous pour celles
qui ne sortaient pas.

MAX.

Tiens! tiens!

MARTHE.

Et, quand Clotilde me faisait appeler, elles me deman-
daient toutes : « Et lui? lui? est-ce qu'il est là, ton marquis? » Pardon, monsieur Max, elles disaient cela...
parce que je vous connaissais.

MAX.

Et alors, elles savaient ce que je faisais?

MARTHE.

Tout.

MAX, à part.

Hum ! c'est beaucoup !

MARTHE.

Ainsi, la dernière fois que vous êtes venu, après votre
duel... c'est pour cela qu'il y en avait tant... vous vous
rappelez ? votre duel avec le volontaire ?

MAX, embarrassé.

Le vol..., oui, hum ! Et alors, vous avez fait un vœu à
trois... et quel vœu ?

MARTHE.

Nous nous sommes juré... Vous n'allez pas vous moquer de moi, monsieur Max ?

MAX.

Ah ! c'est vous qui devenez méchante, à présent !...
vous vous êtes juré ?...

MARTHE.

Nous nous sommes juré qu'après notre sortie du con-
vent, nous resterions un an sans y revenir, mais qu'au
bout d'un an révolu, nous y rentrerions pour toujours, si
nous étions dégoûtées du monde...

MAX, à part.

Voilà l'enfant, maintenant, c'est très curieux ! (haut.) Un
an pour vous dégoûter du monde, ce n'est peut-être pas
beaucoup... Et les autres ?... Mademoiselle Cécile ?...

MARTHE.

Oh ! Cécile, elle est sortie depuis six mois, elle.

MAX.

Et... elle persiste tout de même ?

MARTHE.

Elle persiste... oui, du moins, elle l'assurait encore la dernière fois que je l'ai vue, seulement... elle avait des toilettes...

MAX.

Ah! ah!

MARTHE.

Et puis, elle parle tant de fêtes, de spectacles, de bals... Elle a beau dire que c'est pour éprouver sa vocation... j'ai peur...

MAX.

Oui... oui... je ne vous engage pas à faire grand fonds sur cette vocation-là. Et mademoiselle Régina?... Je ne sais pas pourquoi... je n'ai pas idée non plus...

MARTHE, consternée.

Oh! monsieur Max, elle se marie...

MAX.

Là, voyez-vous?

MARTHE.

Elle épouse son cousin.

MAX.

Ils n'en font jamais d'autres.

MARTHE.

Un enfant, figurez-vous... Il n'a pas vingt-cinq ans!...

MAX, ravi.

Ah! vous trouvez qu'à vingt-cinq?... (A part.) Elle est gentille! (Haut.) Et elle l'épouse?

8

MARTHE.

Oui! c'est dans sa lettre de tantôt... Mais, au fait, où donc est-elle, cette lettre?...

Elle cherche sur elle.

MAX.

Eh bien, vous ferez comme elle, mademoiselle Marthe, vous trouverez votre cousin, vous aussi... Oui, oui, vous n'en avez pas, je le sais bien, mais il s'en présentera, gardez-vous d'en douter, et je ne le plains pas du tout, vous savez?

MARTHE, *cherchant toujours.*

Mais je l'ai perdue!

MAX.

Quoi donc?

MARTHE, *très émue.*

Ma lettre! La lettre de Régina! Je l'ai perdue! (*Se rappelant.*) Ah! je l'avais mise dans l'album!... Mon Dieu, mon Dieu!

MAX.

Ne vous inquiétez pas. Nous allons la chercher.

MARTHE, *effrayée.*

Non, non! Pas vous! Ne cherchez pas!

MAX.

Comment! même à présent!...

MARTHE.

Non! non! promettez-moi!...

MAX.

Mais tout ce que vous voudrez, je vous promets, je vous jure, soyez tranquille !

MARTHE, cherchant autour d'elle.

Mon Dieu ! mon Dieu ! La lettre avec l'album, maintenant ! Il sera tombé pendant le lawn-tennis. (Se rappelant.) Ah ! dans ma chambre ! j'y suis remontée... j'y vais voir ! Mais vous me jurez !...

MAX.

Mais oui, oui !

MARTHE, suppliante.

Je vous en prie, je vous en prie !

Elle sort.

SCÈNE X

MAX seul, puis MADAME DE MOISAND.

MAX.

Très curieux ! C'est un mélange de raison... de... Mais qu'est ce qu'il peut y avoir dans cet album ? Et cette rage de couvent !... C'est un roman !... Ah ! ces jeunes filles !... Où peut-il être, cet album ?

Il cherche.

MADAME DE MOISAND, entrant sans voir Max. Elle tient l'album de Marthe, elle est très agitée

Ah ! bien, par exemple, c'est à ne pas croire ! (Elle ouvre l'album et le feuillette.) M. de Simiers à pied, M. de Simiers à cheval, M. de Simiers sautant la barrière ! M. de

Simiers au couvent! partout!... Ah! cette Souris! Voilà donc pourquoi elle le cachait avec tant de... Et la lettre? la lettre de l'amie... (La montrant.) C'est assez clair!... (Résolument.) Ah! mais, il faut qu'il voie cela! On ne sait pas! Qu'il le trouve!... par hasard!... Il le faut!... Mais comment?... (Apercevant Max et cachant l'album.) Ah! (A Max.) Vous attendez Pépa, monsieur de Simiers?

MAX, surpris,

Moi, Madame? non! pourquoi?

MADAME DE MOISAND

Mais pour le bain... Il est sept heures...

Elle met l'album furtivement sous le chapeau de Max.

MAX, préoccupé, cherchant toujours.

Déjà?

MADAME DE MOISAND.

Vous cherchez votre chapeau?

MAX.

Mon chapeau, non!

MADAME DE MOISAND, reprenant l'album sous le chapeau de Max et le mettant sur sa canne.

Quelle charmante demoiselle, n'est-ce pas?

MAX, toujours préoccupé, et cherchant.

Très curieux!... Une sensibilité, une candeur!...

MADAME DE MOISAND, étonnée.

Pépa?

MAX.

Ah! Pépa, oui, oh! charmante!

MADAME DE MOISAND.

C'est peut-être votre canne que vous cherchez?

MAX.

Du tout!... Non...

MADAME DE MOISAND, reprenant l'album.

Vous allez vous préparer pour le bain?

MAX.

Précisément.

Il va pour sortir.

MADAME DE MOISAND, qui a caché l'album sous les gants de Max.

Monsieur de Simiers, vous oubliez vos gants.

MAX.

Oh ! pour le bain, ce n'est pas indiqué...

Il sort toujours cherchant.

SCÈNE XI

MADAME DE MOISAND, puis PÉPA.

MADAME DE MOISAND.

Pas moyen !... Oh ! mais il faudra bien qu'il le voie! Hein? Cette petite Sainte-Nitouche ! La supérieure avait raison... (Elle remet l'album sous le chapeau de Max.) Tant pis ! Je le remets sous son chapeau : il finira bien par le prendre !

PÉPA, entrant, vêtue de blanc.

Me voilà, moi ! costume de combat ! Regardez cela !

MADAME DE MOISAND.

Très joli ! Et il vous va !... Justement le marquis sort d'ici, et il me disait de vous des choses, mais des choses !...

PÉPA.

Ah ! Il m'en dira bien d'autres, après le sauvetage ! Ah !... madame de Sagancey, on ne peut pas m'aimer... nous allons voir !... (Entre Hermine vêtue de blanc.) Hein ?

SCÈNE XII

LES MÊMES, HERMINE.

PÉPA, à part.

En blanc !

MADAME DE MOISAND, à part, inquiète.

Elle aussi !

PÉPA.

Pour me faire rater mon effet !

HERMINE, hypocritement indignée.

Moi !...

PÉPA.

Eh bien, vous aurez beau faire, vous habiller de

toutes les couleurs, tout cela ne servira de rien, n'em-
pêchera rien et je l'emmenerai, pas plus tard que demain ;
j'aurai mon rendez-vous pas plus tard que ce soir, il me
fera sa déclaration pas plus tard que tout à l'heure, et
il va me sauver la vie, pas plus tard que tout de suite!

MADAME DE MOISAND, s'efforçant d'emmener Pépa.

Venez, Mademoiselle.

PÉPA.

Et il me fera la cour comme les autres! (Sortant avec
madame de Moisand.) Comme les autres !

SCÈNE XIII

HERMINE, puis MAX.

HERMINE, exaspérée.

Oh ! mais c'est intolérable ! Ah ! non ! ah ! non ! Certes,
je porte le plus grand intérêt à cette pauvre Clotilde,
mais l'insolence de cette fille d'artiste mérite une leçon...

Elle aperçoit Max qui entre cherchant toujours.

MAX, rentrant.

Je ne trouve rien.

HERMINE, à part, en l'apercevant.

Et elle l'aura ! (Haut.) Monsieur de Simiers ?

MAX.

Madame?

HERMINE.

Je vous ai dit que j'étais votre amie... Je vais vous le
prouver.

MAX.

Déjà!

HERMINE.

Méfiez-vous de Pépa!

MAX.

Oh ! c'est fait !

HERMINE.

Oui, mais vous ne savez pas tout ! Elle a organisé
contre vous un complot ridicule, une comédie...

MAX.

Une comédie ?

HERMINE.

Oui, tout à l'heure, au moment du bain, elle feindra
de se noyer, vous la sauverez, elle feindra d'être évanouie, vous la soignerez, et alors...

MAX.

Alors?...

HERMINE.

Alors, que sais-je moi? Je suis si étrangère à toutes
ces coquetteries; elle compte probablement sur l'entraînement de la situation, sur... que sais-je enfin ? Le fait
est qu'elle s'est vantée de vous amener à une déclaration dont elle ne fera que rire... Oh ! c'est mal, ce que je
fais là, je le sais, mais tant pis ! Puisqu'il faut trahir

quelqu'un, j'aime mieux que ce soit elle ! (Apercevant Pépa.) (A Max.) Pépa ! Je ne vous ai rien dit.

MAX.

Soyez tranquille.

Elle sort.

SCÈNE XIV

MAX, PÉPA.

MAX, à lui-même.

Ah ! cette fois mademoiselle Rimbaut, vous allez un peu loin !

PÉPA.

Eh ! bien, monsieur de Simiers, et le bain ? Je vous attends, moi ?

MAX.

Ne m'attendez pas.

PÉPA.

Comment ?

MAX.

Ainsi, vous me faites l'honneur de vouloir me séduire, mademoiselle Pépa ?

PÉPA, ébahie.

Hein ?

MAX.

Oh! pour me donner une leçon de modestie, je le sais.
Eh! bien permettez-moi, en échange, de vous donner un
conseil.

PÉPA.

Un conseil?...

MAX.

Vous ne prenez pas le bon chemin. Croyez-moi, mademoiselle Pépa : tout braver, tout dire, tout oser, changer
de sexe en quelque sorte, et se faire homme, n'est pas
pour les femmes un moyen de nous plaire...

PÉPA, avec éclat.

Hermine a parlé !

MAX.

Tant d'agitation nous fait croire au vide de leur
esprit, tant de coquetterie au vide de leur cœur...

PÉPA, de même.

Elle a parlé !

MAX.

Et, pour un peu, nous en arriverions à craindre qu'à se
donner ainsi pour ce qu'elles ne sont pas, elles finissent
par oublier ce qu'elles sont...

PÉPA.

Hein !

MAX.

Et qu'après avoir renoncé à notre respect, elles ne
tiennent même plus à notre estime !

PÉPA, suffoquée.

Votre!... votre!... (Riant de mauvaise grâce.) Ah! ah! (Ironique.) Eh bien, on s'en passera, cher Monsieur!... Mes compliments à la dame de Sagancey!... (Rageuse.) Oh! cette Hermine (Bouleversée.) Oh! non, c'est la première fois qu'on me parle comme ça, par exemple!

Elle sort.

SCÈNE XV

MAX, puis MARTHE.

MAX.

Sévère, mais juste! Quelle folle!... Avec tout ça, je ne trouve pas cet album moi! Allons, cherchons encore!... (Il prend son chapeau sur la table et trouve l'album.) Hein?... Comment?... Mais c'est lui!... Eh bien, en voilà un hasard! L'album de Marthe!... Et elle qui le cherche bien loin... (Il le prend.) Ah! par exemple! je suis curieux de voir... (Il va pour l'ouvrir et s'arrête.) Après tout, j'ai juré de ne pas le chercher, mais puisque je le trouve!... (Il l'ouvre.) Mon portrait! à cheval, sautant la barrière... (Il tourne le feuillet.) Encore mon portrait! au couvent cette fois!... Je reconnais le parloir... 17 Décembre, la date de ma visite, probablement (Même jeu.) Encore moi! 26 avril! (Même jeu.) Encore! 12 juin... Ah ça, voyons! voyons! (Un papier tombe de l'album; il le ramasse.) Qu'est-ce que c'est que cela? (Il lit.) « Et moi je te dis qu'il t'aime... » Ah! la lettre... la lettre de Régina... (Il lit) : « Et moi je te dis qu'il t'aime! » Allons donc! voyez-vous le roman? Je savais bien qu'il y avait un roman? (Il lit.) « Et moi, je te dis qu'il t'aime!

puisqu'il te déteste c'est qu'il t'aime... bête ! » Voilà une
petite personne logique, à la bonne heure. (Il lit.) « Il
t'aime et tu l'aimes, ton marquis. » (Suffoqué.) Ton marq !...
Ce n'est pas possible... ton !... (Apercevant Marthe) Elle !

Il cache l'album et la lettre. Il est très troublé.

MARTHE, inquiète.

Rien ! je n'ai rien trouvé, et vous ?

MAX, très ému.

Oh ! moi, je n'ai pas cherché.

MARTHE.

Mais moi, je vais chercher encore...

Elle va pour sortir.

MAX, la retenant.

Pourquoi ? Restez donc... il fait déjà nuit. Vous ne
trouverez pas... ni vous, ni personne, soyez tranquille !

MARTHE.

Cependant, il faut absolument...

MAX, insistant.

Mais non, mais non, restez donc, je vous dis... on n'y
voit plus (A part.) Ton marquis ! (Haut.) D'ailleurs, puisque
nous sommes amis maintenant, il faut bien rattraper le
temps perdu... Asseyez-vous là... Voyons, causons un peu,
voulez-vous ? Je vous en prie !... (A part.) C'est moi, ce ne
peut-être que moi ! (Haut.) Comme vous me regardez ?...
qu'est-ce que vous avez ?

MARTHE.

C'est que je suis si étonnée, monsieur Max, si étonnée

de vous voir là, près de moi, causant avec moi... vous !
vous !... Quand ce matin encore...

MAX.

Oh ! ce matin, ne parlons plus de ce matin ; nous ne
nous connaissions pas ce matin, quoique nous nous connaissions depuis longtemps... quatre ans bientôt ! Vous
rappelez-vous la première fois que j'ai été vous voir au
couvent,... c'était le... hum ! le 17 décembre ?

MARTHE.

Vous vous en souvenez ?

MAX.

Je crois bien. (A part.) C'est cela ! (Haut.) Et la seconde
fois, le 26 avril, et la troisième, le... attendez-donc ?...

MARTHE.

Le 12 juin... Ah ! vous l'aviez oubliée celle-là !

MAX.

Et vous vous en souvenez, vous? (A part.) C'est moi sûrement ! c'est moi !

MARTHE.

Je me souviens même que, cette fois-là...

MAX.

Le 12 juin?

MARTHE.

Le 12 juin, oui, vous aviez l'air si ennuyé!... Mais
si ennuyé ! Vous avez bâillé tout le temps ! Et croiriez-
vous que Régina était ravie ! Elle m'a dit après : « A-t-il
l'air insolent, ton marquis ! Cela lui va bien ! »

MAX, de plus en plus ému.

Alors... c'est moi qu'on appelait votre marquis, au couvent ?

MARTHE.

Oh ! pas moi, monsieur Max... ces demoiselles...

MAX.

Et... il n'y en avait pas d'autres ?

MARTHE.

D'autres, qui ?

MAX.

D'autres qui venaient... qu'on appelait,... enfin, d'autres marquis ?

MARTHE.

Oh ! non !

MAX, à part.

C'est moi ! (Haut, ravi.) Ah ! chère enfant !

MARTHE, étonnée.

Mais qu'est-ce que vous avez, enfin ?

MAX, essayant de se contenir.

Ce que j'ai ?... mais la surprise la plus inattendue, la plus douce... la joie...

MARTHE.

Quelle joie ? Pourquoi ?

MAX.

Mais parce que... parce que nous nous sommes réconciliés tous les deux... Est-ce que vous n'en êtes pas heureuse aussi, vous, chère Marthe ?

MARTHE, avec un petit cri de surprise heureuse.

Ah !

MAX.

Quoi donc ?

MARTHE.

C'est la première fois que vous m'appelez comme cela !

MAX.

Cela vous fâche ?

MARTHE.

Oh! non! (A part, tendrement.) Chère Marthe! (Haut.) Mais comme vous êtes bon, monsieur Max! C'est donc vrai alors ce que me disait toujours Clotilde, que vous aviez un peu d'affection pour moi, au fond ?

MAX.

Cette bonne Clotilde!... Un peu? Mais beaucoup!

MARTHE, souriant.

Bien au fond, alors. Si! si ! vous me détestiez, ne me dites pas non; il y avait des moments où vous me détestiez... Je le sentais bien, allez, et cela me faisait tant de peine ! Mais ce qui me faisait le plus de peine, c'est que je le méritais et que je comprenais pourquoi et que je ne pouvais pas l'empêcher... J'étais si gauche, si effrayée, si timide, et comme c'est affreux, si vous saviez ! Quand on est timide, voyez-vous, on est comme enfermée en soi, et tout ce que l'on fait pour en sortir vous y enferme davantage; on pâlit pour rien, on rougit pour tout; si l'on parle, votre voix vous effraie, si l'on se tait, votre silence vous fait peur... Et l'on se dépite, et l'on se désole, et l'on se dit: « Mon Dieu, quel malheur! Il ne me connaît pas, il ne me connaîtra jamais, il me trouve nulle, insignifiante, stupide, et c'est ma faute, c'est lui qui a raison, c'est lui!... » (Se reprenant.) Lui ou elle, selon la personne.

MAX.

Mais si l'on est timide, vous l'avez dit, c'est qu'on ne se sent pas aimée. Et que c'est cruel, n'est-ce pas?

MARTHE.

Oh! oui! c'est cruel! Mais comment le savez-vous, monsieur Max?... vous qui avez toujours été aimé?...

MAX.

Aimé? Comment le savez-vous à votre tour?

MARTHE.

Moi? Mais par le couvent donc! Et d'ailleurs, je le vois bien ici, je vois bien comme ces dames s'empressent, vous recherchent, vous entourent... Oh! que je les enviais, ces dames!... Madame de Sagancey surtout!

MAX.

Vous êtes jalouse d'elle?

MARTHE.

D'elle? oh non! (Avec une naïveté tranquille.) Elle est mariée.

MAX, à part, ravi.

Innocence!

MARTHE.

Qu'est-ce que j'ai dit?

MAX.

Rien. (A part.) Comme c'est simple quand c'est vrai, et comme c'est délicieux! (Haut.) Alors, madame de Sagancey?...

MARTHE.

Oh! je la trouve si séduisante!... Elle dit des choses... et d'une voix si douce... Oh! que j'aurais voulu parler comme elle!... Vous allez rire, monsieur Max, mais quelquefois, quand j'étais seule, dans ma chambre, je m'essayais devant ma glace à marcher, à m'asseoir, à parler comme elle... Oh! j'aurais tant voulu! Mais je ne pouvais pas... Ce n'était jamais cela... Et puis, elle est si jolie, elle a le teint si rose, les lèvres si rouges, les yeux si longs... L'autre aussi d'ailleurs... Je ne sais pas comment elles font, ces dames...

MAX.

Je le sais moi, chère enfant; mais cette fraîcheur de vie qui est en vous n'a rien à leur envier, croyez-moi... Et Pépa?

MARTHE.

Oh! mademoiselle Pépa, c'est différent, je ne peux pas la sentir!... Elle est jolie aussi, mais je ne voudrais pas lui ressembler à elle, par exemple... Elle est si hardie, effrontée même, et puis toujours avec vous, penchée sur vous... attachée à vous... Oh! je ne l'aime pas du tout... mais pas du tout!

MAX.

C'est d'elle que vous êtes jalouse, je le vois.

MARTHE.

De Pépa?

MAX.

Ah! Elle n'est pas mariée, elle.

MARTHE, songeant.

Non... c'est vrai... Mais jalouse d'elle?... Pourquoi?
(A Max, prise d'une idée.) Ah! vous l'aimez donc?

MAX, se levant, enchanté.

Marthe!

Madame de Moisand et Clotilde se font entendre et paraissent
dans le fond. — Le jour a beaucoup baissé.

MARTHE, se levant aussi, effrayée.

Quelqu'un! Sauvons-nous!

Elle se sauve par la droite.

MAX, ravi, se sauvant par la gauche.

Sauvons-nous!... J'ai vingt ans!... C'est charmant!

SCÈNE XVI

MADAME DE MOISAND, CLOTILDE,
qui s'est arrêtée et regarde.

MADAME DE MOISAND.

Et tu reviens comme cela, sans me prévenir? Pourquoi
n'as-tu pas écrit? Que te voulait ce notaire? Et cet événement si grave qui t'a retenu si longtemps et doit changer ta vie? Parle donc!... achève donc!

CLOTILDE.

Qui est-ce qui était là?

MADAME DE MOISAND.

Là?

CLOTILDE.

Oui, un homme et une femme, à l'instant !... Tu n'as pas vu?

MADAME DE MOISAND.

Un homme!

CLOTILDE.

Oh ! l'homme, c'est Max, il n'y a que lui d'homme ici... Mais la femme? Ils se sont sauvés ! C'est un rendez-vous !

MADAME DE MOISAND, illuminée, et haut, à elle-même.

Un rendez-vous!... C'est Pépa !

CLOTILDE.

Tu dis?...

MADAME DE MOISAND.

Moi? rien.

CLOTILDE.

Si ! Tu as dit : « C'est Pépa ! »

MADAME DE MOISAND.

J'ai dit... oui... probablement, c'est Pépa ! avec M. de Simiers; ils causaient... c'est tout naturel.

CLOTILDE.

Pourquoi se sont-ils sauvés alors? Je te dis que c'est un rendez-vous !

MADAME DE MOISAND.

Oh ! un rendez-vous ! Et puis, qu'est-ce que cela nous

fait? Finis donc ton histoire. Cet événement si grave,
qu'est-ce que c'est, voyons?

CLOTILDE.

Non, plus tard cela, plus maintenant. Demain, je te
dirai tout.

MADAME DE MOISAND.

Pourquoi demain?

CLOTILDE.

Oh! je t'en prie, ne me demande rien maintenant, je
t'en prie! je t'en prie! Tiens! va les prévenir de mon
arrivée, veux-tu? Va!

MADAME DE MOISAND.

Mais enfin, qu'est-ce qui t'a pris tout d'un coup? qu'est-
ce que tu as?

CLOTILDE.

Tu es sûre que c'est Pépa, n'est-ce pas?

MADAME DE MOISAND.

Mais à cette heure-ci, avec... enfin, qui veux-tu que
ce soit?

CLOTILDE, joyeusement.

C'est vrai... (L'embrassant avec effusion.) Chère mère...
Allons! va, va.

MADAME DE MOISAND, à part.

Qu'est-ce qu'elle a encore? Ah! trop tôt! Elle est revenue trop tôt!

Elle sort.

CLOTILDE, seule, marchant et songeant.

Elle a raison. Qui ça pourrait-il être ? (Souriant.) C'est Pépa, ça ne peut être que Pépa. (S'arrêtant et s'assombrissant tout à coup.) Et si c'était Marthe ? (Elle se laisse tomber sur un fauteuil, les coudes sur la table, la tête dans ses mains.) Oh ! non ! Pas elle maintenant ! pas elle ! pas elle !

ACTE TROISIÈME

Même décor.

SCÈNE PREMIÈRE

MADAME DE MOISAND, au milieu de la scène.
PÉPA assise à droite, HERMINE, assise à gauche.

MADAME DE MOISAND.

Ah! trop tôt! Elle est revenue trop tôt! Nous voilà au
même point que quand elle est partie... Cela va recommencer avec M. de Simiers! Je suis sûre que cela va
recommencer... Hier, déjà, en arrivant, elle était si singulière, si... J'avais cru d'abord que c'était à cause de...
de son voyage... enfin, de ce que lui avait dit le notaire
là-bas... et qu'elle ne veut absolument pas me dire, figurez-vous... J'ai même écrit à ce notaire pour cela... J'attends la dépêche... Mais ce matin, elle est encore plus
agitée... Vous ne trouvez pas?

HERMINE.

Elle? Mais non, c'est plutôt M. Max qui me paraît ému,
préoccupé, depuis hier.

MADAME DE MOISAND.

Eh bien! justement, lui aussi! Je vous dis que cela
recommence. Mon Dieu! mon Dieu! quel malheur!

Voyons, mes pauvres dames, il faut nous consulter, nous entendre, trouver quelque chose... Jamais le danger n'a été plus grand! Qu'allons-nous faire, madame de Sagancey, voyons?

HERMINE.

Oh ! chère Madame, je vous en prie, je suis exténuée... Je n'ai pas fermé l'œil de la nuit... Je souffre horriblement du cœur, ce matin, et d'ailleurs, je ne me suis mêlée de rien, moi, vous savez.

PÉPA, avec éclat.

Ah!

HERMINE, après l'avoir regardée, à madame de Moisand.

Mais demandez à mademoiselle Rimbaut qui s'est chargée de tout, elle vous renseignera mieux que personne.

PÉPA, même jeu que plus haut.

Ah !

MADAME DE MOISAND, se tournant vers elle.

Mademoiselle ?...

PÉPA, toujours ironique.

Non, non, demandez à madame de Sagancey qui ne s'est mêlée de rien, elle en sait plus long que moi, allez!

MADAME DE MOISAND, se tournant vers Hermine.

Mesdames, je vous en supplie !... Jamais nous n'avons eu plus besoin d'union !... Madame de Sagancey?

HERMINE.

Ne croyez pas mademoiselle Rimbaut, chère Madame, son silence n'est évidemment que de la modestie, elle

cache son triomphe. L'infaillible sauvetage et l'irrésistible évanouissement ont fait leur effet accoutumé. Elle a
eu son rendez-vous avec M. de Simiers hier soir, elle
l'emmène aujourd'hui, par le train éclair de deux heures
quatre, comme elle l'avait annoncé. Tout se passera
comme elle l'avait dit, soyez tranquille.

MADAME DE MOISAND.

Mais au fait, c'est vrai, ce rendez-vous ?...

PÉPA, rageuse.

Ah !

HERMINE.

Oui, ce rendez-vous ?...

PÉPA, la regardant.

Pas de rendez-vous !

MADAME DE MOISAND.

Pas de... Ah ! mais ! Permettez !...

HERMINE.

Comment? Pas de rendez-vous ! Pourquoi ?

PÉPA, se retournant.

Pourquoi? Mais parce que M. Max était sur ses gardes,
apparemment, qu'il connaissait mon jeu probablement,
et qu'on l'avait prévenu sûrement ! (Elle rit fiévreusement.) Ah !
ah ! (Avec une colère contenue.) Ah ! par exemple, celle qui m'a
joué ce tour-là ne l'emportera pas en paradis; vous entendez, Hermine?

HERMINE.

J'entends, ma chère, mais je ne comprends pas.

PÉPA, *ironiquement.*

En vérité !

MADAME DE MOISAND.

Permettez, c'est moi qui ne comprends plus. — Pas de rendez-vous ! Mais qui donc était avec M. de Simiers quand j'ai ramené Clotilde, hier soir, ici ?

PÉPA.

Hier ?

HERMINE.

Soir ?

PÉPA.

Ici ?

Elles se regardent.

MADAME DE MOISAND.

Oui, avant le dîner, à la nuit,... cette femme ?...

HERMINE et PÉPA.

Une femme ?

Elles se regardent.

MADAME DE MOISAND.

Qui s'est sauvée comme nous entrions : je l'ai bien vue !

PÉPA.

La femme ?

MADAME DE MOISAND.

Oui.

HERMINE.

Avec lui ?

MADAME DE MOISAND.

Oui.

HERMINE et PÉPA.

Vous l'avez vue?

Elles se regardent.

MADAME DE MOISAND.

Oui! oui! oui! Parfaitement vue! Et Clotilde aussi! Pas reconnue, mais vue, vue!

PÉPA, *éclatant de rire.*

Ah! ah! ah! Eh bien, à la bonne heure, c'est complet! Ah! ah! Cette fois! non! c'est complet! Bravo! Hermine.

HERMINE.

Ah çà! Qu'est-ce que vous dites donc?

PÉPA.

Je dis que vous avez gagné! Non, non! mes compliments! Ça a été fait!... (Elle baise le bout de ses doigts.)

HERMINE.

Comment! comment!

PÉPA.

Oh! avouez donc, allez!

HERMINE, *furieuse.*

Moi! quand c'est vous! (A madame de Moisand.) Car c'est elle, Madame, la vérité c'est que c'est elle!...

PÉPA, *furieuse aussi.*

Ah! c'est trop fort! Eh bien, la vérité, je vais vous la dire, moi. C'est vous qui étiez hier ici avec M. de Simiers. Et vous vous êtes moquée de Clotilde et de moi et de tout le monde! et tout le temps! et, vous n'avez pensé qu'à vous, comme toujours!

HERMINE, *défaillante.*

Ah! mais, c'est affreux!

PÉPA.

La voilà la vérité!... Quant à ce monsieur, je vais lui dire son fait! (Elle sort à droite.)

HERMINE, à moitié évanouie.

Quelle femme, ah!

MADAME DE MOISAND, s'empressant.

Madame!...

HERMINE, pâmée.

Je souffre... Je suis angoissée... Elle me tue!

MADAME DE MOISAND, s'empressant.

Ma chère dame, voyons, de grâce!...

HERMINE, bondissant subitement sur ses pieds.

Eh bien! non! non! Il ne sera pas dit qu'elle aura le dernier! Nous allons voir!

Elle sort précipitamment.

SCÈNE II

MADAME DE MOISAND, CLOTILDE, qui est arrivée pour la fin de la scène, regarde sortir Hermine.

MADAME DE MOISAND, ébahie de la sortie d'Hermine, se laisse tomber dans le fauteuil qu'elle a quitté.

Ah!

CLOTILDE, entrant.

Allons! il est écrit que je ferai fuir tout le monde, décidément.

MADAME DE MOISAND, apercevant sa fille, à part, en se levant.

Clotilde !

CLOTILDE.

Mais enfin, que se passe-t-il ici? Quoi? Qu'est-ce que vous avez tous?

MADAME DE MOISAND, embarrassée.

Mais rien, mon enfant, nous n'avons rien, je t'assure, c'est toi qui as quelque chose, si!... depuis ton retour. Voyons, qu'est-ce que tu as?

CLOTILDE.

Ce que j'ai? Non, mais en vérité, je te trouve singulière. Comment! hier soir, en arrivant ici, je tombe dans un rendez-vous, la maison est pleine de mystère, on me regarde avec embarras, on me répond à peine; pendant le dîner, personne ne mange; après le dîner, tout le monde se dérobe; Hermine dans le bois pour contempler la lune, Pépa dans sa chambre pour y cacher sa gaieté forcée et ses yeux rouges... Oui!... ses yeux rouges... elle avait pleuré! j'en suis sûre, Pépa! et tu crois... Toi-même tu n'as pas dormi de la nuit... Ah! ne dis pas non, j'ai vu ta lumière!...

MADAME DE MOISAND.

Alors, tu n'as pas dormi, non plus, toi? (A part.) Là voyez-vous?

CLOTILDE.

Il n'est pas jusqu'à Marthe, qui, en me revoyant, s'est jetée à mon cou avec une effusion qui ne lui est pas habituelle. Quant à Max, deux fois il est venu à moi pour me parler, deux fois il s'est éloigné sans rien me dire. — On se cache, on m'évite, on chuchote, tout le monde est

nerveux, furtif, préoccupé... et tu trouves étonnant que
je m'étonne, et tu me demandes ce que j'ai?

MADAME DE MOISAND.

Mais oui, je te demande cela parce que je te connais
bien... je sais bien... Enfin, voyons, pourquoi ne veux-tu
rien me dire de ce qui t'est arrivé pendant cette absence?
ce que te voulait ce notaire?... Et quel événement si
grave?... Tu allais me le dire, hier, et puis, tout d'un coup,
plus rien!... Pourquoi?

CLOTILDE.

Tu vois, tu m'interroges, tu ne me réponds pas...
Avant tout, je veux savoir ce qui se passe ici, j'ai besoin
de le savoir!

MADAME DE MOISAND.

Mais rien! je t'assure! D'ailleurs, quel intérêt?...

CLOTILDE, embarrassée.

Quel?... Mais... mais je suis curieuse, tu dois comprendre cela... Une femme, c'est tout naturel... Je voudrais connaître... Alors tu es bien sûre que c'est Pépa?

MADAME DE MOISAND.

Pépa?

CLOTILDE.

Oui, hier, ici, avec Max, tu me l'as dit...

MADAME DE MOISAND.

J'ai dit... oui... parce que je croyais...

CLOTILDE, vivement.

Ah! tu ne le crois plus?

MADAME DE MOISAND.

Mon Dieu, je crois... Dame, maintenant je ne sais plus...
C'est peut-être Hermine.

CLOTILDE.

Enfin. c'est l'une ou l'autre ?

MADAME DE MOISAND.

Certainement.

CLOTILDE.

Ça ne peut être que l'une ou l'autre ?

MADAME DE MOISAND.

Mais certainement. Qui veux-tu ?...

CLOTILDE.

Oui, tu as raison, c'est possible, c'est même sûr...
Étant donné Max et ces deux coquettes... (Riant.) Ah ! ah !
l'une ou l'autre... cela, par exemple, c'est drôle et...
(A elle-même.) pas bien dangereux.

MADAME DE MOISAND, à part.

Et elle n'est pas jalouse, c'est singulier !

CLOTILDE, redevenant sérieuse.

Mais alors pourquoi Pépa avait-elle les yeux rouges, et
pourquoi Marthe ?... Tu n'a pas aperçu Marthe non plus,
toi, depuis hier ?

MADAME DE MOISAND.

Non.

CLOTILDE.

Ni Max, j'en suis sûre.

MADAME DE MOISAND.

Mais...

CLOTILDE.

Tu vois ! Non ! Il y a quelque chose, ce n'est pas naturel, je veux en avoir le cœur net. Fais-le prévenir que je l'attends.

MADAME DE MOISAND.

Qui ?

CLOTILDE.

Max.

MADAME DE MOISAND.

Tu veux ?

CLOTILDE.

Je t'en prie, va! je t'en prie ! (Apercevant Max.) Non ! le voici ! Laisse-nous !

MADAME DE MOISAND, à part.

C'est cela ! Ça va recommencer. Ah! mais non !

CLOTILDE.

Laisse-nous ! laisse-nous !

MADAME DE MOISAND, à part en s'en allant.

Non ! non! non ! Je cours voir si ce notaire m'a répondu et je reviens; mais, pendant ce temps-là, je vais lui envoyer madame de Sagancey, Pépa, Marthe ! tout le monde ! Je ne veux pas les laisser seuls un instant. Mon Dieu ! comment cela va-t-il finir ?...

                                        Elle sort.

SCÈNE III

CLOTILDE, MAX.

CLOTILDE, à part.

Oh ! si ce n'est que l'épa!... (Haut.) C'est moi que vous cherchez, mon ami ?

MAX, embarrassé.

Mon Dieu, je cherchais... c'est-à-dire... Mais d'abord j'ai des excuses à vous faire.

CLOTILDE.

Des excuses !

MAX.

Oui, hier, à votre arrivée, à peine vous ai-je demandé de vos nouvelles... J'étais si préoccupé...

CLOTILDE.

Vous l'êtes même encore.

MAX.

Vous avez fait un bon voyage, n'est-ce pas? Ce départ précipité, cette longue absence... Ce silence... rien de fâcheux, j'espère ?

CLOTILDE.

Voyons, Max, voyons, mon ami, dites-moi donc tout de suite ce que vous avez à me dire, voulez-vous ?

MAX.

Ce que j'ai ?...

CLOTILDE.

Oui... Si vous croyez que cela ne se voit pas... Allons, décidez-vous ? De quoi êtes-vous si préoccupé ? Et préoccupé est même faible, c'est tourmenté, c'est bouleversé qu'il faudrait dire.

MAX.

Eh bien, oui, très tourmenté, très bouleversé ! Ah ! Clotilde, si vous saviez ce qui m'arrive !

CLOTILDE.

Je m'en doute bien un peu.

MAX.

Non. Vous ne pouvez pas... C'est bien le hasard le plus inattendu, la surprise la plus... Ah ! comme j'ai besoin de vos conseils à mon tour... Ma situation est si difficile... Mais comment vous dire cela, à vous, Clotilde !

CLOTILDE.

A moi ? Vous savez bien qu'on peut tout me dire, à moi.

MAX.

Eh bien, oui ! mais c'est que je ne peux pas tout vous dire, justement, et puis je suis gêné. J'ai été si léger avec vous, Clotilde, car enfin je vous ai presque fait la cour, et il y a si peu de temps... Mais vous l'avez pardonné, n'est-ce pas ? oublié même, j'espère ?

CLOTILDE.

Oh ! oublié... Les femmes n'oublient jamais cela, mon ami, mais elles le pardonnent toujours. Ainsi,... allez !

MAX.

Et c'était d'autant plus mal à moi que vous ne pouviez

10

pas m'aimer, que vous ne m'aimiez pas, que je le savais,
que je le voyais. Quand une femme ne vous aime pas,
vous comprenez, il n'est pas difficile...

CLOTILDE.

Oui, mon ami... Et vous avez été plus heureux avec
une autre, alors?

MAX.

Eh bien, oui! Ah! c'est invraisemblable, c'est fou, tout
tout ce que vous voudrez, mais c'est ainsi. Et vous savez
que je ne suis ni un sot, ni un fat, je ne m'en fais pas ac-
croire, vous le savez? Vous ne m'y avez pas aidé, du reste,
soit dit sans rancune, ni vous ni les autres. Mais cette
fois, oh! cette fois, j'ai tout ce qu'il faut pour être sûr...
Quand une femme vous aime, vous comprenez, il n'est
pas difficile...

CLOTILDE.

Non, mon ami... Et vous en êtes amoureux, nécessai-
rement?

MAX, haussant les épaules.

Amoureux! Ne vous moquez pas de moi, voyons!
Ah! je ne suis plus dans l'âge où l'on s'enflamme ainsi,
malheureusement. Et, d'ailleurs, si jamais ce... cette...
personne, ce qui serait une folie, je l'épouserais, ce qui
serait une sottise, et je ne m'en vanterais pas, je vous en
réponds.

CLOTILDE, à part.

C'est Pépa!

MAX, s'animant, à part.

Non! non! Je ne suis pas amoureux, je ne le peux pas,
je ne le veux pas! (Haut.) L'amour est une de ces maladies

de jeunesse qui sont mortelles à l'âge mûr, une maladie
qu'on se donne, du reste, plutôt qu'on ne la prend, et je
ne me la donnerai plus, soyez tranquille... Ah ! que je
n'aie pas été ému, troublé même, quand j'ai appris que
cette charmante... que cette personne me... enfin, quand
j'ai appris cela, je vous le dirais, vous ne le croiriez pas...
J'ai été très ému, au contraire, très troublé, je l'avoue...
Et il y avait de quoi, je vous le jure... Je ne peux pas
vous la nommer, ce n'est pas mon secret d'abord, et puis
enfin, puisque ça ne doit pas aller plus loin... inutile,
n'est-ce pas ?... Mais si vous la connaissiez... Ah ! non !
non ! C'est bien la dernière que j'aurais cru capable, je ne
dis pas de m'aimer, mais d'aimer qui que ce fût.. par
exemple !

CLOTILDE, à part.

C'est elle !

MAX, très agité.

Aussi, ce que j'ai été étonné, bouleversé même !... A présent, je suis calme, mais hier !... (Riant.) Ah ! ah ! C'est hier
qu'il fallait me voir !... Je n'ai pas fermé l'œil de la nuit,
figurez-vous ! Non ! c'est trop drôle !... Et puis enfin, peu
à peu, j'ai pensé à elle, à moi, à mille choses que vous
devinez... et ma timidité n'est revenue... le doute, l'affreux doute,... Je me suis dit : Mais ce n'est pas possible !
Elle ne peut pas m'aimer ! C'est la surprise du moment,
l'entraînement d'une tête légère, un peu de coquetterie...

CLOTILDE, à part.

Pépa !

MAX.

Et d'ailleurs, j'aurai mal compris, mal entendu... Quoique, vous savez, il n'y avait pas à se tromper !... Elle
me l'a dit !...

CLOTILDE.

Elle a dit?...

MAX.

Qu'elle m'aimait! Ah! autant qu'une femme peut le dire.

CLOTILDE, à part.

Pépa!

MAX, toujours agité et se raillant lui-même.

Oh! non, mais enfin, Clotilde, l'homme est-il assez étrange, hein? Voilà un monsieur... c'est moi,... qui, hier matin, ne pensait pas plus à la... à cette personne qu'à n'importe quelle autre, moins même, parce que... Non! C'est malheureux que je ne puisse pas vous dire qui... Vous verriez... mais je ne peux pas, je ne peux pas... Le fait est que ce monsieur n'y pensait pas le moins du monde... et puis un hasard les rapproche... Qu'est-ce qui se passe? On ne sait pas! Un front qui se penche, une voix qui tremble, une larme qui tombe, et voilà un homme parti, la cervelle à l'envers et le cœur aux champs... Quand je dis le cœur, nous n'en sommes pas là, heureusement... Non, mais voyons, Clotilde, vous ne trouvez pas cela extraordinaire, vous?

CLOTILDE.

Non, mon ami... Mais dites-moi... dans tout cela, qu'est-ce que j'ai à faire, moi?

MAX.

Ah! Eh bien, justement, c'est ce que je voulais vous demander : Qu'est-ce que j'ai à faire, moi? La situation est très délicate. Voici une jeune... une... enfin une personne charmante qui... à qui je ne déplais pas... Mais pour des raisons... de raison, je ne veux pas donner

suite à ce roman d'une heure... Que faire? M'en aller?
Trop grossier. Me taire? Impossible...

CLOTILDE.

Il faut lui écrire.

MAX.

Lui écrire quoi ?

CLOTILDE.

Ou lui parler...

MAX.

Lui dire quoi? « Mademoiselle... ou Madame... (Insistant.)
ou Madame... vous vous êtes trompée, vous ne pouvez pas
m'aimer, ni moi non plus... » Allons donc! Et pourtant il
faut que je lui fasse entendre... Je ne puis la laisser
dans son erreur... Pauvre enf... hum ! Mais quoi?

CLOTILDE.

Oh ! en le voulant bien...

MAX.

Mais je le veux, et très sincèrement, et très fermement.
je vous le jure ! Ah ! si encore j'étais sûr que... et surtout... surtout si j'étais moins... Mais c'est fini, laissons
cela, je suis résolu, parfaitement résolu... Trouvez-moi
un moyen, et vous verrez.

CLOTILDE.

J'en aurai un peut-être.

MAX.

Vous? Lequel ?

CLOTILDE.

Oh ! pas si vite ! Prouvez-moi d'abord que cette bonne
fortune vous embarrasse et commencez à vous en débar-
rasser, et alors, après, plus tard, eh ! bien, nous verrons...
(Apercevant Hermine à la cantonade.) Et tenez ! la voici.

MAX.

Qui donc ?

CLOTILDE, lui montrant Hermine.

La demoiselle... ou la dame !.. ou la dame !

MAX, voyant Hermine.

Hermine ?

CLOTILDE.

Ce n'est pas elle ?

MAX.

Ah ! bien, si je vous dis qui ce n'est pas, vous saurez qui c'est, et je ne peux pas, je ne peux pas ! Ah ! c'est pour le coup que vous vous moqueriez de moi !

CLOTILDE, à part.

C'est bien Pépa, allons ! (Haut.) Soit, mais alors comme c'est peut-être elle et que je ne veux pas être indiscrète, je vous laisse...

MAX.

Avec cette élégie ! Dites-moi auparavant...

CLOTILDE.

Non, non, plus tard. Commencez, vous ! Commencez ! (A part, en s'en allant.) Ah ! si ce n'est que Pépa..

SCÈNE IV

MAX, HERMINE.

HERMINE, furieuse, à elle-même.

Ah ! non ! ah ! non ! et quand je devrais... (Apercevant Max et gracieusement) Eh bien, me voilà !

MAX, étonné.

Vous ? Mais...

HERMINE.

Madame de Moisand me disait que vous vouliez me parler. Ce n'est pas vrai, alors ?

MAX.

Mon Dieu, elle se sera trompée...

HERMINE.

Ou elle aura voulu m'être agréable. En tout cas, si vous n'avez rien à me dire, j'ai quelque chose à vous demander. (S'appuyant sur une table.)

MAX, à part.

Encore ? (Haut.) Et quoi donc, chère Madame ? (A part.) J'ai bien la tête au marivaudage !... (Haut.) Eh bien ?

HERMINE.

Je regarde si Pépa ne vient pas. Ah ! c'est que... ce que... je fais là est si en dehors des convenances, mais tant pis ! (Baissant les yeux.) Monsieur de Simiers, me conseillez-vous de divorcer ?

MAX, étonné.

Hein, de ?... vous ?...

HERMINE.

Oui, tout le monde me le conseille, mes amis, mes parents, mon homme d'affaires même... Une femme jeune. vous comprenez, et riche... (Insistant.) très riche... trop riche... la position est si difficile. Je tiens à avoir votre avis... J'y tiens particulièrement... Je n'ai jamais été heureuse, monsieur Max. (Elle s'assied.)

MAX, à part.

Ça va être long.

HERMINE.

Toute jeune, je pourrais dire presque enfant, je me
suis mariée à un valétudinaire : le sacrifice m'attirait. En
épousant ce vieillard malade, ce que je cherchais en lui,
inutile de le dire, c'était moins un mari qu'un père. Il ne
sut même pas l'être... Enfin, j'ai pardonné. Parfois un
remords lui venait, il me disait : « Je vous fais souffrir,
amie? — Non, ami, » lui répondais-je,... Et je cachais
mes larmes.

MAX, à part, faisant un pas à gauche.

Le récit de Théramène, alors!...

HERMINE, effrayée.

Pépa!

MAX, la rassurant.

Non, rien !

HERMINE, se rasseyant.

Enfin, pris de pitié, il demanda la séparation et l'ob-
tint... Il était temps, je serais morte... C'est alors que je
fus jetée par mademoiselle Rimbaut dans un monde pour
lequel je n'ai ni goût, ni estime, seule sans être libre,
aimante sans avoir eu d'amour (Baissant les yeux.), épouse
sans avoir eu d'époux !

MAX, se détournant.

Hum !

HERMINE, effrayée, se levant encore.

Hein ! c'est elle ?

MAX.

Non, non, continuez !

HERMINE, se rasseyant.

Oh! non, je n'ai jamais été heureuse... (Lui montrant sa main.) Vous voyez bien cette petite bague, monsieur de Simiers! elle ne quitte jamais mon doigt, elle contient l'oubli de tous les chagrins, le remède à tous les maux... que de fois je l'ai portée à mes lèvres!...

MAX.

Oh! Madame, les vilaines idées, oh! (A part.) Qu'est-ce que ça me fait, tout ça!

HERMINE.

Mais à chaque fois j'ai hésité! Oh! ce n'est pas que je sois lâche, non! Mais à chaque fois une voix secrète me défendait de renoncer à l'avenir, à l'espoir, au bonheur. Jusqu'à présent, je l'ai écoutée... sans y croire... C'est depuis quelques jours seulement...

MAX, regardant au fond.

Pépa!

HERMINE.

Elle! (Elle va pour sortir.) Plus tard!

MAX, l'arrêtant et rapidement.

Non, vite, achevez! vite! Depuis quelques jours?...

HERMINE.

Eh bien, depuis quelques jours, je me reprends à espérer, à croire....

MAX.

Vous voulez vous remarier?

HERMINE.

Peut-être!

MAX.

Épouser?...

HERMINE.

Oui!

MAX.

Un valétudinaire?

HERMINE, avec éclat.

Oh! non... l'épreuve est faite. Pensez-y! Ma confiance en vous est absolue.

MAX.

Ah!

HERMINE.

Dites-moi de divorcer et je divorce, d'épouser quel-qu'un et je l'épouse...

MAX.

Mais qui?...

HERMINE, lui tendant la main.

Qui vous voudrez!...

MAX, lui baisant la main.

Oh! Madame!

PÉPA, au fond, les regardant.

Très bien!

HERMINE, à part.

Trop tard, ma petite! Cette fois, c'est à moi la pose! (En s'en allant, bas à Max.) Qui vous voudrez!

MAX, à part, joyeusement.

Ah! enfin, on peut m'épouser toujours!

SCÈNE V

MAX, PÉPA.

PÉPA.

Eh bien, si c'est pour me faire voir cela que madame de Moisand m'envoie ici?

MAX, à part.

Encore! Ah çà, elle y envoie donc tout le monde?

PÉPA, sèchement.

Du reste, j'ai à vous parler.

MAX, à part.

Elle aussi?

PÉPA.

Deux mots et je finis : je suis venue tout exprès pour vous dire que, si je vous ai fait des avances...

MAX, protestant.

Vous?

PÉPA.

Pas de modestie, il n'y a pas de quoi, allez!... Que si je vous ai fait des avances, c'était sur commande, pour des raisons que... enfin suffit, je ne trahis pas, moi!... mais que le cœur n'y était pour rien, vous entendez? pour rien!... et que jamais, pas un instant, il ne m'est venu à l'esprit l'idée baroque d'être amoureuse de vous!

MAX, protestant.

Oh!

PÉPA.

Pas un instant !

MAX.

Oh ! inutile !...

PÉPA.

Mais plus sûr !... Et maintenant que je vous ai fait ma petite déclaration à l'envers, un point, c'est tout !... Au plaisir de ne jamais nous revoir ! (Fausse sortie.)

MAX, la reconduisant.

Parlez pour vous, mademoiselle Pépa !

PÉPA, s'arrêtant.

Ah !

MAX, à part.

Tiens !

PÉPA, revenant.

Autre chose, pendant que j'y suis... Et répondez franchement, comme à un homme, puisque pour vous je suis un homme, il paraît...

MAX.

Oh ! je n'ai pas dit...

PÉPA.

Vous l'avez dit. Mais il ne s'agit pas de cela, répondez ! Voyons, pourquoi Hermine et pas moi ?

MAX.

Comment ?

PÉPA.

Mon Dieu ! que je ne vous aie pas séduit !... Et encore,

ça n'est pas si naturel, après tout! je ne suis pas plus
laide ici qu'ailleurs, ni pour vous que pour les autres...
Enfin, admettons! Mais que ce soit Hermine qui vous
plaise et pas moi, Hermine avec sa poésie pharmaceu-
tique et son idéal selon la formule, Hermine ou l'aimable
anévrisme! Allons donc, il y a autre chose! Si vous
croyez que je n'ai pas vu dans votre jeu!

MAX.

Mon jeu!

PÉPA.

Oui, oui, vous vous êtes dit : « On fait toujours la cour
à Pépa, jamais à Hermine ; moi, je ferai la cour à Hermine et pas à Pépa, ça va l'étonner, la piquer, l'agacer,
et dame, alors... alors... » Eh bien, alors, vous vous
êtes trompé, mon bon Monsieur. Oui, je me moquais de
vous, et vous n'en saviez rien, et c'est Hermine qui vous
l'a dit, et c'est pour cela que j'ai fait mon four d'hier soir
et que vous étiez si furieux !

MAX.

Oh! furieux...

PÉPA.

Furieux!... et que vous m'avez dit des choses!... Oh!
celles-là, jamais, entendez-vous !... je ne vous les par-
donnerai! jamais!

MAX à part.

Tiens! tiens!... (Haut.) Je crois pourtant n'avoir rien
dit...

PÉPA.

Oui, oh! rien, si vous voulez, mais j'ai deviné tout de
même, allez. Et l'estime, et le respect, et tout ça!... Je ne
me rappelle plus la phrase, mais j'ai bien senti que vous

me preniez pour quelqu'un... pour une femme... enfin
que vous aviez l'air de croire... que parce que je dis tout,
je suis capable d'en faire davantage...

MAX, protestant.

Oh! jamais dans ma pensée !...

PÉPA.

Allons donc!... Si vous croyez que c'était difficile à
comprendre... J'ai très bien compris! Et même j'en ai
pleuré !...

MAX embarrassé.

Mais...

PÉPA, insistant.

Oh ! je n'y mets pas d'amour-propre... C'est vrai! qu'on
pense de moi ce qu'on voudra, ça m'est bien égal! Je suis
une honnête femme et je me moque de l'opinion des
autres... mais j'y tiens! comme tout le monde ! Non! Et
puis, vous me portez sur les nerfs, avec vos airs d'homme
fort, sûr de vous! Et le vide de mon esprit! et le vide de
mon cœur! Alors je n'ai pas de cœur, moi, n'est-ce pas?
C'est Hermine qui en a? (Riant.) Ah! ah! ah! Et quant à
de l'esprit, j'en ai comme une femme, c'est-à-dire cent
fois plus que vous! Oh! non! Les hommes sont trop
bêtes, aussi la franchise les repousse! Ils veulent qu'on
les trompe... Ah! ils y arrivent... par exemple !... Mais
tout cela, ce n'est pas une raison pour croire... que je
suis... que moi... moi!... Ah non! cela, monsieur Max,
c'était trop dur aussi !...

Elle pleure.

MAX.

Oh! Mademoiselle, je suis désolé...

PÉPA, furieuse et pleurant toujours.

Mais non! Vous n'êtes pas désolé! Vous avez toujours

votre petit air ironique et supérieur qui m'agace!... Eh
bien, vous avez eu tort de me parler comme cela, entendez-vous? Ah! là, vous n'avez pas été malin, par
exemple! Je peux bien vous le dire maintenant : en vous
y prenant mieux, il y a eu un moment, c'est vrai, à force
de m'emballer dans mon rôle... peut-être que... on ne
sait pas... Mais à présent!... Ah! bien, nous en sommes
loin... Ce que vous m'agacez à présent! J'y pensais encore cette nuit. Je n'en ai pas fermé l'œil... Depuis hier,
je ne pense qu'à cela. Non, jamais je n'ai senti contre
perso nne ce que je ressens contre vous! Et c'est pour
cela q ue je m'en vais! Je ne vous l'envoie pas dire, mais
je ne peux plus vous voir, je ne peux plus vous entendre,
je ne peux plus vous sentir! Je vous déteste! je vous
déteste! je vous déteste!

Elle fond en larmes.

MAX, joyeux, lui prenant la main.

Ah! Mademoiselle!

PÉPA, ébahie.

Eh bien, quoi? Qu'est-ce qui vous prend?

MAX.

Ah! si vous saviez comme je suis heureux!

PÉPA, toujours pleurant.

Heureux?

MAX.

Non, je ne croyais pas qu'on pouvait encore me détester comme ça!

PÉPA, de même.

Eh bien, vous n'êtes pas difficile, vous! (Apercevant Clotilde.) Clotilde!... Lâchez ma main! Je ne veux pas qu'elle
me voie... Je dois avoir le nez rouge, hein?

MAX.

Ah! merci! merci!

PÉPA, de même.

Mais lâchez donc ma main! (En sortant.) Ah! non, il n'est pas difficile, par exemple!

Elle sort.

MAX, ravi.

Mais on peut m'épouser et m'aimer, alors!

SCÈNE VI

MAX, CLOTILDE.

CLOTILDE, qui a vu la fin de la scène, gaiement, à part.

Allons! c'est bien elle!

MAX, très agité.

Et cette fois, il n'y a pas à dire. (Apercevant Clotilde.) Ah! Clotilde!

CLOTILDE.

Je vous dérange... pardon... C'est que... je cherche ma mère, elle me fait demander partout et je ne la trouve nulle part.

MAX, radieux.

Ah! Clotilde, si vous saviez ce qui m'arrive!

CLOTILDE, souriant.

Encore!

MAX.

Oh! ne souriez pas, je vous en prie! Et il n'y a pas

à dire que ce n'est pas sincère. Ah ! que je suis troublé !
Je suis tout à fait, oh ! mais tout à fait troublé !...

CLOTILDE, souriant.

Toujours ?

MAX.

Toujours ? Mais cent fois davantage ! Ah ! Clotilde,
alors décidément c'est donc vrai qu'on peut m'aimer !

CLOTILDE.

Mais, là-dessus, mon ami, vous me paraissiez déjà suffi-
samment édifié tout à l'heure.

MAX.

Ah ! depuis tout à l'heure, si vous saviez... Ce n'est
plus une maintenant, c'est deux.

CLOTILDE, étonnée.

Deux ?

MAX.

Oui, deux ! C'est-à-dire trois, vous comprenez ?

CLOTILDE.

Trois ?

MAX.

Oh ! je n'en tire pas vanité, soyez tranquille. Je fais la
part des amours-propres froissés, des rivalités, des
coquetteries... Et d'ailleurs elles n'ont plus l'âge de l'autre,
il s'en faut !

CLOTILDE, inquiète.

L'autre ?

MAX.

Mais enfin il n'en est pas moins vrai que le fait est

là; il n'est donc pas si absurde de croire qu'elle peut m'aimer, puisque les autres...

CLOTILDE.

Les autres ! Quelles autres?

MAX.

Mais vous le savez bien... maintenant.

CLOTILDE, nerveuse et essayant de sourire.

Mais non, je ne sais pas, je vous jure que je ne sais pas!.. Voyons, Max, voyons, mon ami, ne me faites pas attendre.. Je suis curieuse... Quelles autres ? Dites !

MAX.

Eh bien, Hermine et Pépa qui toutes les deux....

CLOTILDE.

Mais alors la troisième, puisqu'il y en a trois ? Celle qui vous aime?

MAX.

Elles m'aiment toutes !

CLOTILDE.

Enfin, celle que vous aimez?

MAX.

Puisque je ne l'aime pas, je vous dis!

CLOTILDE, anxieuse.

Ah ! Max, je vous en prie, assez d'énigmes, de réticences, je vous en prie... La troisième, qui?...

MAX.

Mais en nommant les deux autres, est-ce que je ne vous
l'ai pas nommée ?.. Qui de trois paie deux, reste...

CLOTILDE, avec un cri contenu.

Marthe ?

MAX.

Eh bien, oui, là, c'est elle ! C'est Marthe, c'est cette
petite fille qu'hier encore je trouvais nulle, insignifiante,
que vous vouliez me faire épouser et dont je ne voulais
pas !

CLOTILDE, à part, accablée.

C'est Marthe !

MAX.

Ah ! elle a pris sa revanche, je vous en réponds ! Vous
aviez raison, il y a une femme dans cette enfant, et une
femme que je ne connais pas, capable d'un amour qui
m'est inconnu, naïf, troublé, charmant... Ah ! Clotilde,
jamais je n'ai tant regretté d'avoir dix ans de trop !

CLOTILDE.

C'est cruel cela, mon ami.

MAX.

Cruel ?

CLOTILDE.

Oui, pour les autres.

MAX.

Les autres ?

CLOTILDE.

Mais celles qui vous aiment.

MAX.

Ah ! les autres ! Elles avaient bien besoin de venir me

troubler quand j'étais résolu... Je le suis encore... Mais
enfin j'avais fait mon sacrifice... car c'en est un, je ne
vous le cache pas, et un grand que je fais !... et cela par
une délicatesse exagérée, après tout, puérile même !...
Je le vois bien à présent... C'est vrai ! on n'est pas fini à
mon âge. Et d'ailleurs on n'a que l'âge que l'on paraît...
Les plus âgés ne sont pas les plus vieux. Je connais des
jeunes gens de vingt ans qui... (Riant.) Ah ! ah ! ah ! tenez !
m'entendez-vous ? me voyez-vous, rééditant à mon béné-
fice ces aphorismes consolateurs que je raillais chez les
autres et que j'essaye de croire, que je veux croire, que
je crois !... Ah ! Clotilde, que l'homme est faible et que
l'amour est fort !

CLOTILDE, à elle-même, tristement.

Pas toujours ! (A Max.) Alors, vous l'aimez vraiment ?

MAX.

Moi ? Mais depuis une heure, je me tue de vous dire le
contraire !

CLOTILDE.

Et elle ? Elle vous aime, vous en êtes sûr ?

MAX.

Sûr ?... Ah ! si j'en étais sûr !... Je suis sûr qu'elle le
croit ; mais sûr, réellement ?... L'est-elle elle-même ?
(Tirant l'album de Marthe de sa poche.) Il y a bien son album !
Tenez ! voyez ! Tout le prouve, la lettre... (Il le lui donne.)
Mais elle est si jeune, elle n'a vu que moi, et puis, si
souvent, le premier amour n'est que la dernière poupée...
Et c'est bien pour cela que j'hésite... ou plutôt que je
n'hésite pas ! (Résolument.) Je ne veux pas, je ne dois pas pro-
fiter de son inexpérience, de son erreur ou de sa surprise. Non, je n'en ai pas le droit. Je suis un honnête
homme, vous l'avez dit !... Ce serait une mauvaise

action... et une folie ! Non, décidément ! et puis... enfin,
c'est la raison, la saine raison... Mais comment faire ?

CLOTILDE.

C'est bien, je lui parlerai. (Elle met l'album dans sa poche.)

MAX.

Vous ?

CLOTILDE.

Oui.

MAX.

Vous ? (Éclatant d'un rire un peu forcé.) Ah ! ah ! ah ! par
exemple, cela, c'est trop drôle !

CLOTILDE.

En quoi donc, mon ami ?

MAX.

Comment ! Il n'y a pas plus de huit jours, vous vouliez
me marier à toutes forces avec elle, elle était faite pour
moi, nos âges s'attiraient, que sais-je ? et aujourd'hui...
Ah çà, je n'ai pourtant pas plus vieilli, en une semaine,
qu'elle n'a rajeuni ; je n'ai toujours pas plus de trente...
hum ! trente-cinq ans !

CLOTILDE, essayant de sourire.

Trente-cinq ! Vous n'avez pas vieilli, c'est vrai.

MAX.

Et elle, pas moins de dix-neuf ans !

CLOTILDE, même jeu.

Dix-neuf ! Ni elle rajeuni, en effet.

MAX, riant.

Eh bien alors? Ah! ah! ah! Non! Décidément il est plus fort que moi celui qui connaît les femmes!

CLOTILDE, le regardant, et après un silence.

Vous ne voulez pas que je lui parle?

MAX.

Mais si! mais si! seulement, je dis...

CLOTILDE.

Eh bien, tenez, la voilà qui vient. Laissez-nous seules.

MAX.

Alors vous allez lui dire?...

CLOTILDE.

Ce qu'il faudra, soyez tranquille, mais...

Elle le pousse vers la sortie.

MAX, regardant au fond.

Oui, oui, pauvre enfant!... Expliquez-lui bien, n'est-ce pas? que ce que je fais, c'est par abnégation pure...

CLOTILDE.

Oui.

MAX.

Que c'est une résolution qui me coûte...

CLOTILDE.

Oui.

MAX.

Et beaucoup! Que ce n'est pas parce que je ne l'aime pas!

CLOTILDE, le poussant doucement vers la sortie.

Oui. Mais il ne faut pas qu'elle nous voie ensemble.

MAX, revenant.

Ah! ne lui dites pas que je suis trop vieux pour elle, c'est inutile... Insistez plutôt sur la différence des natures, des caractères...

CLOTILDE, le poussant.

N'ayez pas peur.

MAX, revenant.

Et doucement cela, adroitement, avec votre tact. Ne lui faites pas de peine, chère petite. J'aurais peut-être mieux fait de lui parler moi-même. Mais non! vous, c'est mieux! Ah! c'est égal, j'étais parti pour l'aimer, moi, cette enfant-là, vous savez. Ah! un pas de plus et je l'aimais! Ah! je vous jure que je l'aimais!

CLOTILDE, le poussant doucement dehors.

Mon ami, je vous en prie...

MAX.

Je m'en vais! je m'en vais! (Regardant Marthe au fond.) Et dire que c'est peut-être le bonheur qui passe, et que je le laisse passer! Enfin, c'est la raison, la saine raison! (Mouvement de Clotilde.) Je m'en vais... (Revenant.) Mais pas que je suis trop vieux, hein? (Mouvement de Clotilde.) Je m'en vais!

Il sort.

SCÈNE VII

CLOTILDE, MARTHE.

Clotilde s'est assise et songe. Marthe, la voyant ainsi, s'arrête et tousse légèrement. Clotilde lève la tête.

MARTHE.

Tu veux me parler?... C'est ta mère qui m'envoie...

CLOTILDE, étonnée.

Ma mère!... Enfin, n'importe. Je veux te parler, c'est vrai... Viens là, mon enfant, viens près de moi.

Marthe s'approche d'elle. Elle est debout. Un instant de silence pendant lequel elles se regardent.

MARTHE.

Comme tu me regardes!... Tu es pâle... Qu'est-ce que tu as?

CLOTILDE.

Tu l'aimes donc?

MARTHE, elle veut se jeter dans ses bras.

Clotilde! ah! Clotilde!

CLOTILDE, l'éloignant.

Alors, c'est vrai?

MARTHE

Mais... qui te l'a dit?

CLOTILDE.

Personne. Je vous ai vus hier soir ici, voilà tout. Et même, c'est toi qui aurais dû me le dire. Mon affection, je crois, valait bien ta confiance. C'est mal!

MARTHE, interdite.

Oh! comme tu me parles!

CLOTILDE.

Oui, c'est vrai, mon enfant, pardon. Mais pourquoi ne m'en as-tu rien dit, jamais : tu as eu tort, cela eût mieux valu, pour tout le monde...

MARTHE.

Mais je ne le savais pas, moi, Clotilde... Comment aurais-je pu m'en douter? Il avait l'air de me détester. Je croyais que je le détestais aussi. Il était si méchant!... Parfois je me disais bien : « Je pense trop à lui. Qu'est-ce que j'ai donc à penser à lui comme ça? » Mais comme c'était toujours tristement, cela ne m'éclairait pas, au contraire. Et puis, c'est un peu ta faute aussi... A chaque instant tu me parlais de lui, pour me consoler, tu m'en disais tant de bien!... et qu'il était bon, et qu'il m'aimait au fond, et qu'il était au-dessus des autres hommes par le cœur, par... Alors, moi, tu comprends, j'ai cru que peut-être tu avais l'idée, tu voulais bien... que, enfin, il m'avait semblé... Mais non, non, ce n'est pas ta faute! Je l'ai aimé toute seule. Et bien avant, dès le couvent, toujours!... Je le vois bien, maintenant... toujours! (Elle s'assied à côté d'elle.)

CLOTILDE, se lève.

Ah! prends garde, mon enfant, prends bien garde! Il y a des erreurs qui engagent la vie. Et elles coûtent cher, j'en sais quelque chose. Es-tu bien sûre de l'aimer? Prends garde!

MARTHE, tristement.

Et moi qui croyais que tu serais contente?

CLOTILDE.

Oh! je te jure qu'en ce moment, il n'y a en moi que
toi, que toi seule. Oh! ce serait trop mal! tu ne peux
pas croire... Mais enfin il faut bien que je te dise ce que
je dois te dire : Réfléchis, tu es si jeune! c'est vrai, tu
peux te tromper... Ah!... si tu te trompais. (Marthe fait
signe que non.) Non, tu ne crois pas?... Comment le sais-
tu? Voyons, voyons. Qu'est-ce qui s'est passé? Dis-moi
tout... (Elle se rassied auprès de Marthe.)

MARTHE.

Mais il n'y a rien.

CLOTILDE.

Rien? A quoi as-tu vu que tu l'aimais pourtant?

MARTHE, confidentiellement.

Eh bien, c'est hier, seulement...

Elle s'arrête.

CLOTILDE.

Hier, oui, va donc! va!

MARTHE.

Il avait été méchant toute la journée, plus méchant que
jamais! jusqu'à me donner une poupée, figure-toi. Oh!
j'étais si humiliée, et si furieuse aussi, qu'à la fin, je me
suis révoltée. Oui, je lui ai fait des reproches, j'ai
pleuré... Je ne me rappelle plus ce que je lui ai dit, mais
c'était très dur, je l'assure; j'ai été méchante à mon tour,
et je le voulais! Comment ai-je osé lui dire tout cela,
par exemple, je n'en sais rien. Mais j'allais, j'allais!...

C'était plus fort que moi. J'étais poussée par le désir,
oh ! mais un désir furieux, qu'il me regarde, qu'il m'é-
coute, par le besoin d'être quelqu'un pour lui, quelqu'un
qui l'étonne, qui le blesse, qui l'irrite même, mais quelqu'un enfin, et pas la pensionnaire idiote qu'il croyait
connaître. Et puis, peu à peu, la peur m'est revenue, une
peur folle qu'il ne se fâche, qu'il ne m'en veuille, qu'il
ne me revoie plus, que ce soit fini ; et alors, tout d'un
coup, j'ai vu clair en moi, j'ai vu qu'il pouvait tout sur
moi, et que je lui appartenais, j'ai vu que ma colère était
de l'amour, mon trouble, de l'amour, ma peur, de l'a-
mour, j'ai vu... j'ai vu que je l'aimais enfin !

CLOTILDE.

Mais lui ! lui ! Qu'est-ce qu'il disait, lui ?

MARTHE.

Lui ! Oh ! la première fois, car il y en a eu trois : celle
où il m'a donné la poupée, mais, cette fois-là, je suis
sortie tout de suite pour qu'il ne me voie pas pleurer, il
n'y a rien eu... La seconde, c'est quand je cherchais mon
album... Pourvu qu'il ne l'ait pas trouvé encore !... Oh !...
je n'en ai pas dormi de la nuit...

CLOTILDE.

Personne n'a dormi. Va donc ! La seconde fois ?...

MARTHE.

La seconde fois, oui, quand je me suis mise en colère...
Alors il m'a demandé pardon, il m'a consolée, rassurée,
il m'a pris la main, il m'a offert d'être mon ami, il a été
bon, quoique toujours un peu de sa hauteur... tu sais...
Mais la troisième fois, hier soir, ici, oh ! la troisième fois,
comme c'était gentil, si tu savais ! Il n'était plus le même,
il n'avait plus ni le même regard, ni la même voix, ni le

même sourire, il paraissait heureux, je ne sais pas pourquoi, mais si heureux... et curieux ! Il m'interrogeait sur
le passé, sur le couvent, sur moi, sur ma vie, sur tout, il
voulait tout savoir ! Et puis, il me disait qu'il avait pour
moi beaucoup d'affection, et qu'on était malheureux de
n'être pas aimé, que sais-je ?... Et puis, il m'a appelée sa
chère Marthe... (A elle-même.) sa chère Marthe ! Et puis, et
puis, dame, je ne me rappelle plus bien, j'étais comme
dans un rêve, je ne me souviens plus que de son regard
qui m'enveloppait, de son sourire qui me caressait et de
sa voix... oh ! sa voix que je sentais glisser jusque dans
mon cœur... Ah ! Clotilde... peut-être qu'il m'aime ?

CLOTILDE. vivement.

Te l'a-t-il dit ?

MARTHE.

Non, oh ! non. Oh ! que j'aurais peur s'il me le disait !...
Et que j'en ai envie pourtant !... Pense donc, lui, m'aimer ! lui si bon, si brave, si au-dessus des autres
hommes !...

CLOTILDE.

Qu'en sais-tu ?

MARTHE.

C'est toi qui me l'as dit... Et puis, je le sens bien, va !
Et cela me désespère, je ne suis pas digne de lui, jamais
il ne pourra m'aimer !... Ah ! maintenant, vois-tu, s'il ne
m'aimait pas, je crois que j'en mourrais !

CLOTILDE.

Est-ce que l'on meurt de cela ?

MARTHE.

Oh ! Clotilde !

CLOTILDE, amèrement.

Non, non. On n'en meurt pas... mais on en souffre et
cruellement... (Avec une tendresse passionnée.) Et je ne veux pas
que tu souffres, toi, que tu te jettes ainsi tête baissée dans
cet amour, sans réflexion, sans certitude... Encore une
fois, prend garde ! C'est ton bonheur qui m'occupe, oh !
le tien seul, je t'assure... je le crois, je te jure que je le
crois !... Après tout, il ne t'a pas dit... Et quand il te
l'aurait dit ! Ils disent cela aussi vite qu'ils le croient et
l'oublient aussi vite qu'ils le disent... Je dois te défendre,
cependant, c'est mon devoir de te défendre ! Qui sait si
dans huit jours il pensera encore à ce qui s'est passé et
ne viendra pas te raconter, à toi aussi...

MARTHE, qui l'a suivie des yeux.

Il ne m'aime pas !

CLOTILDE, avec effroi et se défendant énergiquement.

Ah ! je n'ai pas dit cela. Oh ! je n'ai pas dit cela !

MARTHE.

Oh ! je te connais bien, tu ne me parlerais pas ainsi.
s'il n'y avait rien... Il y a quelque chose et c'est cela, ça ne
peut être que cela. Allons, voyons, parle à ton tour. Il ne
faut plus l'aimer, n'est-ce pas ? C'est mal, c'est impossible,
tu ne le veux pas ? Si, si. Oh ! je sens dans tes paroles
que tu ne le veux pas... Tu ne me parlais pas comme cela
quand tu le voulais... Eh bien, dis moi ce qu'il faut faire,
je le ferai, je t'obéirai ; tu sais bien que je te crois comme
le bon Dieu... Je ne l'aimerai plus, je tâcherai, j'y arri-
verai, je t'assure ! (Elle pleure doucement.) Je ne mourrai pas.
va, j'ai dit cela, mais... Est-ce que je ne suis pas ta fille
d'abord, résignée comme toi, courageuse comme toi, et
pas plus que toi habituée à être heureuse ? Je ne dis pas
que je ne souffrirai pas... un peu... en commençant... mais

cela passera, et personne ne le saura que nous deux, va,
suis tranquille, personne...

Elle fond en larmes.

CLOTILDE, la prenant dans ses bras, avec un grand éclat
de sanglots et de larmes.

Ah ! ma chérie ! mon amour, mon enfant, ma chère
vie ! toute ma vie ! Épouse-le ! Oui, tu l'aimes ! Oui, c'est
ma faute ! Oui, c'est moi qui l'ai voulu et qui le veux
encore, toujours, entends-tu ? (Avec force.) Je le veux ! je
le veux ! je le veux !

MARTHE, étonnée.

Mais...

CLOTILDE

Oui, il est bon, oui, il est loyal, oui, il est au-dessus
des autres hommes. Et il t'aime, il t'aime, je le sais,
j'en suis sûre, je l'ai vu, je te dis qu'il t'aime ! Est-ce
qu'on peut ne pas t'aimer, toi ! Candeur, beauté, jeunesse, jeunesse triomphante ! (Elle cache sa tête dans ses mains en
pleurant.)

MARTHE, se rapprochant d'elle.

Alors, pourquoi ?...

CLOTILDE, la repoussant doucement, et pleurant toujours.

Non, laisse-moi, un instant, je t'en prie, rien qu'un
instant. (Silence.) Ah ! c'est que j'ai été surprise, tu comprends, et puis enfin... ma fille, car tu es ma fille, toi.
Ah ! Dieu m'est témoin que je le désirais même tout à
l'heure, quand je te disais... enfin... quand... mais je ne
pouvais pas ne pas te le dire, n'est-ce pas ? tu en es bien
sûre. Mais je n'ai pas hésité un instant, au fond, oh ! je te
le jure, pas un instant !... Mais c'est fini, tu vois, c'est
fini... Embrasse-moi, oh ! embrasse-moi bien !... (Essuyant
ses yeux). Maintenant, je suis heureuse, aussi heureuse que

je puis l'être, je t'assure. — Et toi aussi, tu es heureuse. n'est-ce pas? Dis-moi, que tu es heureuse, cela me fera tant de bien, si tu savais, tant de bien !

MARTHE.

Oh ! oui!... (Apercevant Max au fond.) Le voilà !

CLOTILDE, souriant tristement

Oui, il revient, je m'en doutais. (A Marthe qui s'éloigne.) Eh bien, où vas-tu donc?

MARTHE

Mais je ne veux pas rester, maintenant, je n'oserais jamais!

CLOTILDE

Pourquoi? Puisqu'il t'aime, je te dis... Ah ! il a plus peur que toi, va! Reste ! (Avec une tristesse douce.) Reste... C'est à moi de m'en aller, mon enfant.

MARTHE

Mais qu'est-ce qu'il va me dire? Qu'est-ce que je vais lui répondre? Comment faire?

CLOTILDE.

Ah ! défends-toi ! suis ton cœur, il saura te conduire, sois tranquille.

SCÈNE VIII

MARTHE, MAX rencontrant CLOTILDE qui sort.

MAX, bas à Clotilde.

J'ai réfléchi.

CLOTILDE, de même, sans être étonnée.

Ah !

MAX, même jeu.

Oui, je préfère lui parler, si ça ne vous fait rien... parce que... enfin, je crois que cela vaudrait mieux, vous comprenez?...

CLOTILDE, souriant, même jeu.

Oui, mon ami ; je comprends... (Elle va pour sortir.)

MAX, l'arrêtant, même jeu.

N'est-ce pas ?... Sachant mieux ce qui s'est passé entre elle et moi, il me sera plus facile à moi qu'à vous, je crois, de lui expliquer... de lui faire entendre...

CLOTILDE, bas.

Le langage de la saine raison, oui, mon ami.

MAX, toujours bas, à Clotilde.

Je crois ! je crois !

MARTHE, les regardant.

Mais qu'est-ce qu'ils ont donc ?

MAX, même jeu.

Et puis, c'est une question de convenance, il me semble. C'est bien le moins qu'elle apprenne de moi pourquoi... par quel scrupule enfin, je... ne peux pas l'épouser ! Car je ne le peux pas, n'est-ce pas ? C'est votre avis ?... Là-dessus, nous sommes bien d'accord tous les deux ?

CLOTILDE, même jeu.

Tout à fait d'accord, j'en suis sûre... Allez ! et bon courage...

MAX, même jeu.

Oh ! ce n'est pas le courage !... (Se rappelant.) Ah ! vous ne lui avez pas dit que j'étais trop... hein ? Non ?

CLOTILDE, même jeu.

Rassurez-vous.

MAX, avec effusion, même jeu.

Ah ! chère Clotilde ! que vous êtes bonne ! Vous êtes vraiment bonne !...

CLOTILDE, souriant tristement, même jeu.

La race des sœurs, mon ami... Eh bien, allez donc ! Allez !

Elle sort

SCÈNE IX

MARTHE, MAX, marchant de long en large, très préoccupé.

MARTHE, à part, à elle-même.

Défends-toi, suis ton cœur. A quoi bon tout cela, s'il m'aime ?

MAX, de même, embarrassé.

C'est l'attaque qui n'est pas facile !

MARTHE, à part.

Oh ! j'ai peur !

MAX, la regardant.

Pauvre enfant ! Enfin, c'est la raison, la saine raison.. (Haut.) Hum !

12

MARTHE, à part.

Et il ne me dit rien... Est-ce que vraiment il aurait peur, lui aussi ?... Comme il a tort !

MAX, résolument.

Mademoiselle !

MARTHE.

Oh ! Mademoiselle... Pourquoi Mademoiselle ! Pourquoi pas Marthe tout court, ou même Souris ? si vous voulez... Moi je veux bien. Est-ce que nous ne sommes pas amis maintenant ?

MAX, avec chaleur.

Amis ? Oh ! si, Mademoiselle, et, pour ma part, croyez bien que je suis sincèrement, bien profondément le vôtre... C'est si naturel de vous aimer, chère enfant. Ah ! je vous jure bien que mon cœur... (S'arrêtant et à part.) Hum ! ce n'est pas cela !... ce n'est pas cela !... Ah ! mais, pas facile du tout !

MARTHE, à part, inquiète.

Mais qu'est-ce qu'il a aujourd'hui ?

MAX, prenant un parti.

Tenez ! Mademoiselle...

MARTHE.

Encore !

MAX.

Voulez-vous que nous parlions raison, tous les deux ?

MARTHE.

Raison ? (A part.) Ah ! il n'est plus le même.

MAX, toujours cherchant.

Ce que Clotilde vous disait tout à l'heure...

MARTHE.

Clotilde?

MAX.

Oui, quand je suis entré... à propos de moi ?

MARTHE, très vite.

De vous? Mais elle ne m'a rien dit !

MAX, à part.

Rien ? Comment rien? Mais c'est encore plus difficile alors ! Ah! si seulement je trouvais l'attaque... Quand j'aurai l'attaque...

MARTHE, à part.

Il va me faire de la peine, je le sens.

MAX, trouvant son idée.

Ah! (Haut). Alors Clotilde ne vous a rien dit de son projet sur moi ?... Au fait, pour vous, cela n'a pas grand intérêt... D'ailleurs, il est si extravagant son projet... S'est-elle pas imaginée, ah! ah! ah! j'en ris... parce que... Ah! cette Clotilde! Elle veut me marier, figurez-vous !...

MARTHE, baissant les yeux.

Ah!

MAX.

Oui. (A part.) Pas fort! mais je ne trouve pas mieux. (Haut, en riant.) Me marier, moi! Ah! ah! ah!...

MARTHE, à part, attristée.

Oh! comme il parle de cela !

MAX.

J'ai beau lui répéter sur tous les tons : Mais enfin,

Clotilde, vous n'y pensez pas! Mais c'est insensé! Je suis
un vieux garçon, moi !... C'est-à-dire, vieux, entendons-
nous... Je ne suis ni cacochyme, ni maniaque, ni rhuma-
tisant, ni même d'âge à l'être, Dieu merci! Je suis assez
jeune, il paraît, pour qu'on puisse encore... (A part, se reprenant.) Hum ! (Haut.) Et c'est pour cela que je lui disais : Clotilde, vous voyez bien que c'est impossible !

MARTHE, à part.

Ah ! Je n'ai pas été longtemps heureuse !

MAX.

D'autre part, je lui disais aussi... d'autre part, celle
que vous rêvez pour moi... car c'est un rêve et jamais je
n'aurais osé hausser jusque-là, je ne dis pas seulement
mon espoir, mais ma pensée... (Se reprenant à part.) Hum ! ce
n'est pas cela ! (Haut.) Celle que vous me destinez enfin,
n'est-elle pas un peu loin de moi par des différences de
toute sorte... le caractère... la nature... et même l'âge.
Oh! ce n'est pas une enfant, je le sais bien, elle est même
plus âgée qu'elle ne le paraît, beaucoup plus âgée, mais
enfin pour moi, pensez donc, pour moi?

MARTHE, tristement.

Vous ne la trouvez pas digne de vous, monsieur Max?...

MAX.

Ah ! Dieu ! Mais c'est moi, au contraire, qui me trouve
indigne d'elle, c'est moi qui ne veux pas recevoir plus
que je ne donne... C'est d'elle seule, c'est pour elle seule
que j'ai peur ! Ah !... ah ! si son bonheur ne dépendait que
de moi, avec quelle joie je lui donnerais ma vie inutile !
Comme elle trouverait en moi plus qu'en tout autre ce sentiment de protection passionnée, éclairée, indulgente, cette
sorte de paternité charmante qui est au fond de l'amour

de tout homme et qui grandit à mesure que sa jeunesse diminue, ces trésors d'affection, cette réserve de tendresses, que, devant les brutalités et les laideurs de la vie, son cœur refoule en lui, qui s'y accumulent avec les déceptions et les années et dans laquelle elle pourrait prendre sans craindre de l'épuiser jamais, car jamais... Hum! Et c'est pour cela que je lui disais : « Clotilde, c'est impossible, absolument impossible ! »... (A part.) Je fais pourtant ce que je peux !

MARTHE, secouant la tête.

Vous ne l'aimez pas, monsieur Max.

Elle est assise près de la table la tête dans les mains comme dans la scène du deuxième acte avec Max.

MAX.

Je ne... Permettez ! je n'ai pas dit... Ah ! je n'ai pas dit non plus que je l'aimais... Je ne me suis pas expliqué... Je suis resté sur le terrain des faits... (Tendrement.) Restons sur le terrain des faits !... Je ne suis pas vieux, c'est vrai, mais dans dix ans, songez donc, dans dix ans. j'aurai... j'aurai... dix ans de plus...

MARTHE, timidement.

Elle aussi...

MAX.

Elle aussi, c'est vrai, mais ça ne sera pas la même chose... parce que dans dix ans, pensez, moi, j'ai déjà trente... hum! trente-trois ans !

MARTHE, joyeuse, à part.

Il ment !

MAX.

Et elle... elle n'en a que dix-neuf...

MARTHE. s'oubliant.

Vingt !

MAX, à part.

Vingt ! Ah ! chère petite, comme elle m'aime ! (Haut.)
Voyons, chère enfant, ne m'ôtez pas mon courage. Ah !
j'en ai besoin, je vous assure... Tout cela n'est qu'un
rêve délicieux, mais, en faire une réalité, si tentante. si dé-
sirée qu'elle soit, ce ne serait ni raisonnable ni prudent...
Et si plus tard sa jeunesse se révoltait, si elle s'apercevait
qu'elle s'est trompée et qu'elle en vînt à se repentir...
Oui, oui, c'est impossible, vous le croyez, mais moi, je
l'ai vu, cela arrive,... et si cela arrivait, quel remords
pour moi, quel supplice pour elle !

MARTHE, baissant la tête en pleurant.

Vous ne l'aimez pas !

MAX.

Ah ! ne dites pas cela ! Pensez ! réfléchissez !... Et ne
pleurez pas, oh ! je vous en prie, je vous en supplie, ne
pleurez pas ! (A part.) Ah ! bien, si elle pleure maintenant !
(Haut.) Comprenez-moi, devinez-moi ! Je vous jure que je
ne peux pas lui donner une plus grande preuve de mon
am... de mon affect... de mon amitié que celle que je lui
donne en ce moment, je vous le jure, je vous le jure, mademoiselle Marthe ! (Marthe cache sa tête dans ses mains.) Marthe !
Souris ! ma chère Souris ! Oui, c'est un effort cruel, mais
c'est pour elle que je le fais. C'est pour ne pas la sacrifier
que je me sacrifie !

MARTHE, secouant la tête.

Vous ne l'aimez pas !

MAX, s'emportant.

Mais ne dites donc pas cela ! Mais c'est injuste et mé-

chant ! Mais vous ne devinez donc pas quelle violence je
me fais et que c'est ma volonté qui hésite, mon expérience
qui se défend. mais pas mon cœur, qu'au contraire je le
retiens à deux mains pour qu'il ne m'échappe pas à moi-
même ! Vous ne voyez donc pas que, vers elle, tout m'at-
tire, tout m'entraîne : le premier trouble de cette âme
pure, les premières rougeurs de ce front chaste, l'énigme
charmante de sa jeunesse, la séduction de sa beauté,
tout ! jusqu'à l'immense flatterie de son amour. mais
c'est la tentation la plus grande de ma vie, mon premier
roman, ma dernière chance de bonheur ! Et elle est là,
près de moi ! devant moi ! et. pour la saisir, je n'ai qu'à
étendre la main !...

Il étend la main vers Marthe.

MARTHE, mettant sa main dans la sienne et doucement.

Eh bien, alors ?

MAX, hésitant.

Eh bien, alors ?... (Avec éclat.) Eh bien... Ah ! tant pis !
je t'adore !

MARTHE, à part, en mettant la main sur son cœur.

Ah ! quel bonheur !

MAX.

Ah ! c'est trop, c'est trop ! Je ne peux plus ! Je ne suis
pas plus fort que toi, que toi-même ! Je ne peux plus ! Je
suis un fou de céder, de t'aimer, de te croire ! Je le sais !
je le sens ! n'importe ! Quand je devrais m'en repentir
toute ma vie, j'aurai eu ce jour, j'aurai eu cette heure !...
Je t'aime ! je t'aime ! je t'aime ! (A genoux.) Le crois-tu
maintenant ! regarde-moi ! C'est moi qui tremble à présent, c'est moi qui pleure ! Ah ! chère, chère enfant ! Et
comme je te suis reconnaissant de te laisser aimer, de le
vouloir, de le permettre ! et heureux de te le dire ! d'oser

enfin de te le dire. Ah! Dieu! c'est si bon, si tu savais, de ne plus surveiller son cœur, de le laisser aller où il veut. de l'ouvrir tout grand, de se donner tout entier, quand on ne s'est jamais donné tout entier à personne !

MARTHE, émue et ravie.

Monsieur Max !

MAX, doucement.

Ah! non, pas monsieur maintenant... Max tout court maintenant. Et sois tranquille, va, chère enfant, n'aie pas peur de mon amour. Il ne veut te devoir ni à une erreur, ni à une surprise. Il saura attendre. Et si quelque jour tu n'en voulais plus, dis-le moi sans crainte, je n'aurai contre toi ni révolte, ni colère. Je te remercierai de m'avoir donné, ne fût-ce qu'un instant, cette illusion charmante d'être aimé de toi ; je mettrai sur ton front mon premier et mon dernier baiser, et je m'en irai sans me plaindre. Mais, ô ma chérie, tâche que cela ne soit pas... ou plus tard... jamais! je t'aime tant!... Eh! bien, tu ne me dis rien ?

MARTHE, ravie.

Encore !

MAX.

Oh! chère Marthe, et toi aussi, n'est-ce pas? tu m'aimes? Tu ne te trompes pas, bien sûr?

MARTHE.

Oh! non, monsieur Max.

MAX.

Ah! Plus monsieur... maintenant Max, maintenant... Dites Max et dites que vous m'aimez, voulez-vous?... n'est-ce pas? vous m'aimez?

MARTHE, très bas.

Oui.

MAX.

Mais non, pas ainsi, dites-le, vous, dites-le! Je serais si heureux. Dites: « Max, je vous aime. » Répétez-le après moi, voyons : Max...

MARTHE, répétant

Max...

MAX.

Je vous aime.

MARTHE, hésitante et confuse.

Je... Je n'ose pas.

MAX, pressant.

Marthe, voyons, Marthe, ma bien-aimée, ma chérie. dis-le, je t'en supplie, tiens! à genoux! Je vous...

MARTHE, très bas.

Je... vous aime.

MAX.

Ah! mon adorée! ma chère petite Souris blanche! ma femme! tu m'aimes! Ah! et moi aussi, va, je t'adore! Mais... (Il va pour la prendre dans ses bras, elle se dégage.)

MARTHE, troublée.

Mais,... mais, Clotilde? Où est donc Clotilde?

SCÈNE X

MARTHE, MAX, CLOTILDE, entrée à la fin de la scène.

CLOTILDE.

Oubliée!

MARTHE, se jetant dans ses bras.

Oh! non, jamais!

MAX.

Comme vous devez me trouver faible, Clotilde. Je voulais pourtant faire une belle défense, mais... (Montrant Marthe.) regardez-là!

CLOTILDE.

Il ne pouvait guère en être autrement, mon ami. D'abord, elle savait que vous l'aimiez.

MAX.

Elle? Comment?

CLOTILDE.

Je le lui avais dit.

MAX, étonné.

Ah! (Il regarde Marthe qui baisse les yeux.)

CLOTILDE.

Et puis, vous saviez qu'elle vous aimait.

MARTHE.

Lui?

CLOTILDE.

Il avait trouvé l'album.

MARTHE consternée.

Oh ! (Bas à Clotilde.) Mais alors, Clotilde, s'il ne m'avait pas épousée, j'étais déshonorée !

MAX.

Chère enfant !

CLOTILDE, souriant doucement.

Mais puisqu'il te rend l'honneur... Tout est bien qui finit bien, n'est-ce pas, mon gendre ?

SCÈNE XI

MARTHE, MAX, CLOTILDE,
MADAME DE MOISAND, effarée, un télégramme à la main,
puis HERMINE et PEPA.

MADAME DE MOISAND, à Clotilde.

Oh ! bien non, cela c'est trop fort, écoute ! Comment, tu es ici depuis hier au soir, dix fois je t'ai demandé ce que tu avais, ce qui t'arrivait, la cause de ton absence, dix fois ! Et tu n'as rien voulu me dire, et c'est par ce notaire que je l'apprends ! Pourquoi le cachais-tu ? Pourquoi ?

HERMINE, entrant.

Qu'est-ce que c'est ? qu'y a-t-il ?

PEPA, de même.

Quoi donc ? quoi donc ?

MADAME DE MOISAND, à Hermine

Mais elle est veuve!

HERMINE et PÉPA.

Veuve!

MADAME DE MOISAND, à Clotilde.

Enfin, pourquoi ne me l'as-tu pas dit? Pourquoi?

CLOTILDE, regardant Max et Marthe.

Je ne voulais pas laisser même cette ombre sur la joie des heureux.

PÉPA.

La joie?

HERMINE.

Les heureux?

MADAME DE MOISAND.

Quels heureux?

CLOTILDE.

Ah! oui, c'est vrai, vous ne savez pas... Eh bien, mais M. de Simiers se marie.

HERMINE, elle regarde Pépa.

M. de Simiers!

PÉPA, regardant Hermine.

Et... avec qui donc?

HERMINE, continuant à regarder Pépa.

Oui... qui donc?... Qui?

CLOTILDE, montrant Marthe.

Voici la fiancée.

MADAME DE MOISAND.

Marthe?

PÉPA.

La Souris !... Pas possible !

HERMINE, à part, ironiquement.

Une enfant ! C'est bien de son âge cela.

MADAME DE MOISAND, à Clotilde.

Mais enfin, c'est à n'y rien comprendre ! Et tu n'as même pas pris le deuil !

CLOTILDE, doucement.

Je t'ai dit pourquoi... Et, d'ailleurs, (Regardant Max et Marthe qui se parlent bas.) je vais le prendre maintenant.

MARTHE, allant se jeter au cou de Clotilde.

Ah ! maman !

CLOTILDE.

Alors, tu es bien heureuse ?

MARTHE, avec âme.

Ah ! oui !

CLOTILDE, la regardant et l'embrassant avec passion.

Merci !

FIN

Imprimeries réunies, B, rue Mignon, 2.

www.ingramcontent.com/pod-product-compliance
Lightning Source LLC
Chambersburg PA
CBHW030552040726
47497CB00008B/2691